後悔しない転職のはじめかた

のべ3万人のデータ
から読み解く
新時代のキャリア形成入門

『マイナビ転職』元編集長
マイナビエージェント事業部長
荻田泰夫

ダイヤモンド社

はじめに――転職したら幸せになれる？

今、この本をお読みになっているということは、きっとあなたは「転職」を考えていることと思います。現在の職場になにかしら不満な部分があって、転職すべきかどうか悩んでいる方でしょうか？　あるいはすでに転職しようと強く決意している方でしょうか？　なかには、将来を考えていつかは転職したい・キャリアアップしたい、という方もいらっしゃるでしょう。

私は、マイナビという会社が運営する転職情報サイト『マイナビ転職』の編集長を2023年12月まで7年間務め、現在は「マイナビエージェント」の事業部長として、みなさんの転職のお手伝いをしています。そして、**あなたのように転職について悩んでいる方の手助けをしたい**という思いから、この本を書きはじめました。

転職やキャリアにまつわる書籍が多数出版されているなか、**転職メディアを20年以上運営してきた私たちが得た、類書にはない知見を発信し、正しく活用してもらうことができないだろうか？**　そう考えたのも、この本を執筆した理由のひとつです。

このように言うと、次のような疑念を抱く方がいるかもしれません。

「転職情報サイトの元編集長が書いているのだから、『転職はすばらしい！　だから、どんどんチャレンジしよう！』とすすめる内容なのではないか？」

「結局は、『マイナビ転職』のメリットになるように、転職へ誘導するのではないか？」

まず、その〝疑惑〟を晴らしておきましょう。

この本の目的は、「転職を積極的にすすめる」ことではありません。むしろ「転職する前に立ち止まってよく考える」ことです。そして悩んでいる方がいれば、「『マイナビ転職』で培ってきた知見をもとに、アドバイスを送る」ことです。

私自身も転職者です。毎日コミュニケーションズ（マイナビの旧社名）に中途入社したのは2006年のことでした。長らく「終身雇用制」が主流だった日本社会において、転職に対するネガティブなイメージがようやく払拭された頃でしたが、まだ今のように「転職は当たり前」になる前のことでしたから、いろいろと悩んだものです。入社後は、現在にいたるまで中途採用支援に従事しながら、社会の変化を見てきました。終身雇用制に縛られることなく、自分の意思で転職できる社会になったのはよいことです。数年前に、わが社の新入社員に次のように尋ねたことがあります。

「将来転職したいと思っている人、手を挙げて。それが評価に響くことはないから」

これに対し、全体の9割が手を挙げたのにはとても驚きました。転職に対するハードルは、これほど下がっているのです。

このエピソードに限らず、転職に対する意識の変化を見て取ることができます。私たちのアンケート調査では、「転職は前向きな行動である」と回答した人の割合は、ほぼ7割[※1]という結果も出ています。このことからも、「転職するのは当たり前」「転職することによって環境を変える」という意識が一般的になりつつあることがよくわかります。

しかしその一方で、**実際に転職した7割の人が転職先に不満をもち、4人に1人は転職したことを後悔している**[※2]というデータも出ています。不満や後悔の原因は、給料だったり休日や残業時間だったりとさまざまですが、彼ら彼女らはなぜ、不満をもち後悔することになったのでしょうか？

ここで、ひとつ質問をしましょう。**あなたは「転職」に対して、どんなイメージをもっていますか？**

「キャリアアップして収入を増やすチャンス」

「新しい環境で、いろいろな経験を積むことができる」

転職を前向きに捉えられていて、ご自身のスキルや持ち味をしっかり把握し、転職先に求めるものがはっきりしていれば、転職後に後悔することはあまりないでしょう。ところが、転職する人のほとんどはそうではありません。

「今の職場から抜け出したい」

「どこか別の場所で再始動したい」

現状への不満は誰しもあるものですが、それだけを原動力にして転職を考えている人は、**「転職すればすべてがよくなるはず」「人生が好転する」と思い込む傾向がある**ようです。隣の芝生は青く見えるもの。「転職先が決まらなかったらどうしよう」という不安が背中を押すこともあるでしょう。「多分、今よりはマシになるはず」と、よく検討することなく転職先を決め、現実に直面して後悔する……。

こうした残念な現状を知るからこそ、簡単に転職をすすめるわけにはいかないのです。**「転職すれば誰もが幸せになれる」「すべての転職は人生を変えるポジティブな転機」などとは決して言えません。**そして**ひとりでも多くの方に、後悔しない転職をしていただきたい**と、心から思うのです。

この本は序章にはじまり、本編である全4章、結びの終章で構成されています。

序章では、現在の転職市場がどのような状況にあるかを説明しています。

第1章の目的は、「自分を知る」こと。ご自身の経験やスキルを把握するために役立ちます。「自分を知る」ことによって、ご自身の潜在的な可能性を再認識でき、転職先へのアピールは容易になるはずです。

第2章の目的は、「転職先に求めるもの」を知ること。 実際に求人情報を見る前に、ご自身が転職先になにを求めたいのか、しっかり整理してください。

第3章の目的は、「自分の可能性」を知ること。 この章では、私たちが蓄積した豊富な事例やデータを目安として、どの業種・職種へ転職可能か、ご自身の可能性を探ることができます。

第4章の目的は、自分に合った「身の置き場」を知ること。 前述の3段階を経て、いよいよ企業選びに入ります。実際に求人をチェックするとき、どのような視点で見ればいいいのか、見落としがちな点も解説しました。

結びの終章では、転職を契機とした人生について考える手がかりを提供しています。 転職後も長く続く「働く」をいかに実り多く、心地よいものにしていくか、しっかりと考えていただきたいと思います。

転職活動の最中は、誰もが不安になるものです。私たちの調査では、転職活動に際して約8割の人が不安を抱いていました※3。振り返ってみれば、私自身もそうでした。

不安は、未知の事象に対して起こります。知っているようでじつはよくわかっていない自分を知り、転職先の探し方を知り、転職活動においてなにが重視されているかを知り、企業をどう選ぶべきか、選考ではどんな視点で見られているかを知れば、その不安はかなり軽減されるのではないでしょうか。

「彼を知り己を知れば百戦殆うからず」——古代中国の兵法家である孫子のこの言葉を借りて言い換えれば、**「自分を知り、転職先を知れば、転職は成功する」**（「転職先」の箇所には「自分が働く会社」「企業」「中途採用担当者の考え」なども当てはまります）——転職活動の不安が軽減されるだけでなく、成功へ大きく近づくはずです。

大事なことなので、くり返し強調しておきましょう。**この本は、積極的に転職をすすめるものではなく、「転職したほうがよい」などと煽るつもりもありません。**キャリアを築くうえで重要になる転職で後悔しないように、ご自身の可能性を広げるための考え方やアプローチの方法をまとめた本です。

執筆にあたっては、本書刊行時で20年に近い私自身の経験だけでなく、『マイナビ転職』に蓄積された約3万人のデータ※4を分析して得られた知見を生かし、個人的な主観にとどまらないデータドリブンな提案となるよう心がけました。どうか、私たちが蓄積してきた「リアル」をよく知り、ぜひ転職活動の参考にしてください。

この本を通じて、**知る努力を欠いた転職活動はうまくいかないことを理解し、転職活動をする前に、どうか一度立ち止まってよく考えてほしい**と思います。この本があなたの転職活動を成功に導き、豊かなキャリアと人生を築く手がかりとなりましたら、これにまさる喜びはありません。

『マイナビ転職』元編集長・マイナビエージェント事業部長　荻田泰夫

※1：マイナビ「転職動向調査2021年版（2022年実績）」
※2：マイナビ転職「転職満足度調査2023年版」
※3：マイナビ転職「転職満足度調査2023年版」
※4：2020年～2023年の転職者インタビューデータ、2020年10月から2023年8月にマイナビ転職の転職支援サービス「キャリアパートナー」を利用して転職された方のデータ、マイナビ転職の各種調査データ（2023年発表）、マイナビの各種調査データ（2023年発表）から累計

目次

第1章

「キャリア」のこと

第2章

「転職の軸」のこと

第3章

業種・職種のこと

第4章 企業のこと

終章 転職のゴールはなにか？ …… 265

本文イラスト：マツ／ＰＩＸＴＡ（ピクスタ）

序章

転職活動をはじめる前に知ってほしいこと

Prologue

転職する人は年々増えている

「転職は前向きな行動」と考える人が過半数という実情

私が転職した2000年代は、就業観に変化が起きはじめた時期でした。「はじめに」でふれたように、就職してから定年退職するまで同じ会社で働きつづける「終身雇用制」がゆらぎ、転職する人たちが増えたのです。

最近では、もはや転職は当たり前になりつつあり、年々加速している印象があります。

実際にあなたの周りでも、転職する人は珍しくないのではないでしょうか？

図1　転職等希望者数の推移は？

この傾向は、統計データからも明らかです。

図1は総務省統計局の「労働力調査」（詳細集計）の転職等希望者数の変化をグラフにしたものですが、**2013年には800万人強だった転職等希望者数が、2021年には900万人に迫るほどに増えている**のがわかります。

実際に転職した人は、2019年に過去最多の351万人を記録し、コロナ禍でいったん大きく下がったあと、2023年現在は回復傾向にあります。

転職を考えている方にとっては、このように「転職希望者が増えている」という実情を見ていただいたほうが、心強いのではないでしょうか。気持ちの問題だけでなく、転職者が増えるほど、転職者に対する社会の理解は進みます。迎え入れる企業の社内制度も、終身雇用を前提としたものから、転職者への対応を考慮したものに変化します。

つまり、**転職しやすい環境は以前より整ってきている**のです。

ここで、実際に転職した人たちの意識や行動パターンを見てみましょう。

マイナビが行った「転職動向調査2023年版（2022年実績）」では、たとえば20代男性なら、2022年の正社員転職率は14・8％でした（図2）。**調査対象の約7人に1人が転職していることになります。**「転職は前向きな行動である」と回答した人は全体の64・8％で、「そう思わない」と答えた10・7％をはるかに上回っていました。

この調査は実際に転職した方を対象にしたものであるため、転職をポジティブに考える人が多いのは当然といえます。とはいえ、**転職に対するネガティブなイメージはほとんど払拭されているといってよいでしょう。**

転職理由を上位から挙げると、**①年収、②人間関係、③仕事内容、④会社の将来性・安定**

図2　正社員転職率

※国勢調査における正規雇用者全体の構成比に合わせたスクリーニング全回収数のうち、該当期間（各1年間）に転職したサンプルの割合

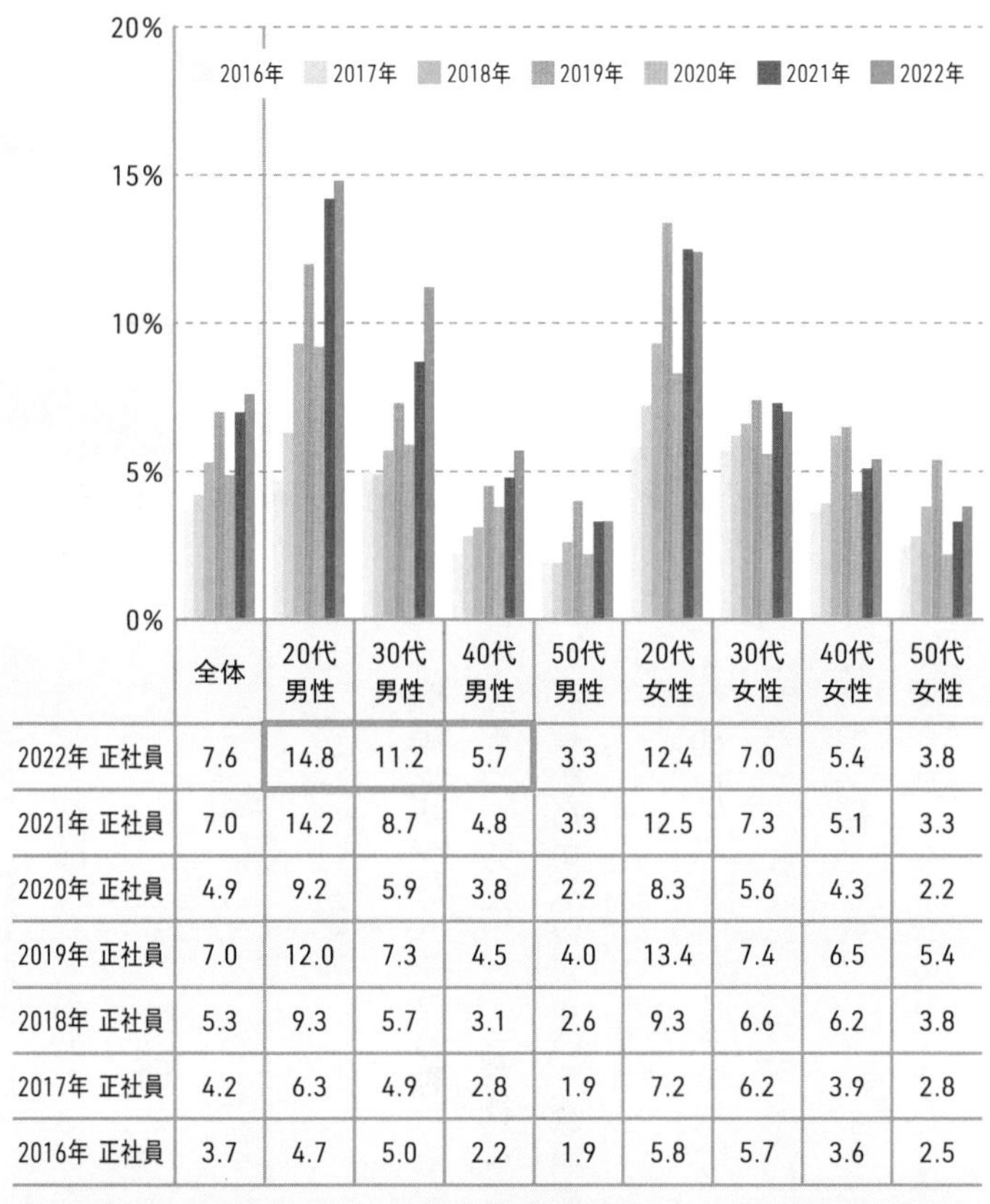

	全体	20代男性	30代男性	40代男性	50代男性	20代女性	30代女性	40代女性	50代女性
2022年 正社員	7.6	14.8	11.2	5.7	3.3	12.4	7.0	5.4	3.8
2021年 正社員	7.0	14.2	8.7	4.8	3.3	12.5	7.3	5.1	3.3
2020年 正社員	4.9	9.2	5.9	3.8	2.2	8.3	5.6	4.3	2.2
2019年 正社員	7.0	12.0	7.3	4.5	4.0	13.4	7.4	6.5	5.4
2018年 正社員	5.3	9.3	5.7	3.1	2.6	9.3	6.6	6.2	3.8
2017年 正社員	4.2	6.3	4.9	2.8	1.9	7.2	6.2	3.9	2.8
2016年 正社員	3.7	4.7	5.0	2.2	1.9	5.8	5.7	3.6	2.5

全体の転職率は7.6％。2022年は2021年からも増加し、2016年以降で最も高い水準となった。特に20～40代男性は、2016年以降最も高い転職率となっている。女性は概ね2021年と同様の転職率となる。総じて、2021年から高い転職意欲が継続していることがわかる

出典：マイナビ「転職動向調査2023年版（2022年実績）」をもとに作成

図3　転職者数の推移を、前職の離職理由別に見ると？

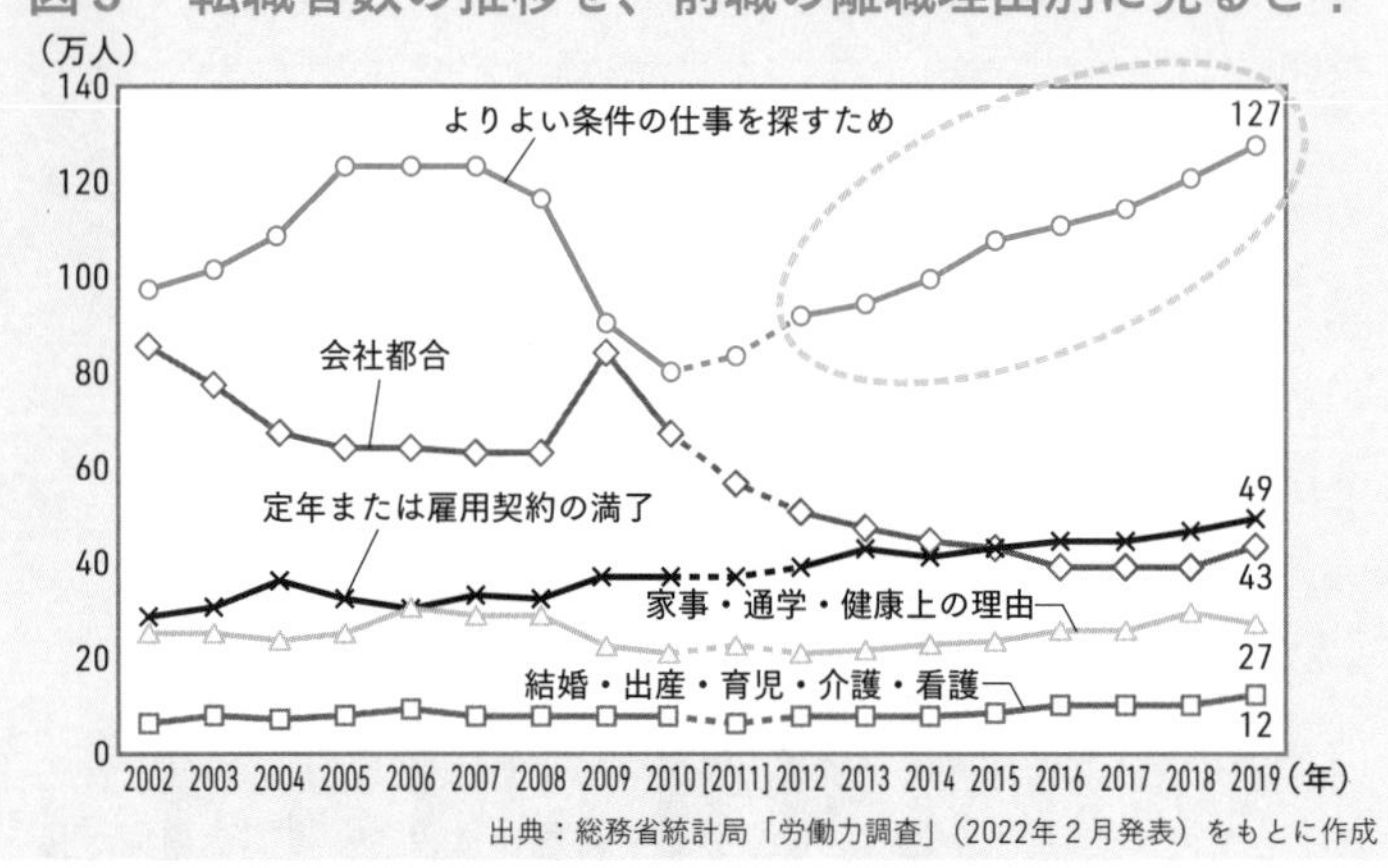

出典：総務省統計局「労働力調査」（2022年２月発表）をもとに作成

性、⑤休日・残業時間の順で、収入アップを目指して転職した人が最も多いことがわかります。

転職を肯定的に見る意識の変化

「転職＝ポジティブな行動」という考えかたが広まった背景には、「会社にあまり期待してもしかたがない」という意識があるようです。

「会社に尽くすことこそ美徳」などという考えかたは、もはや過去の遺物。転職を「逃げ」や「隠れてコソコソするもの」と捉える意識がなくなったのは、よいことなのではないでしょうか。

図4　新入社員の会社に対する帰属意識は？

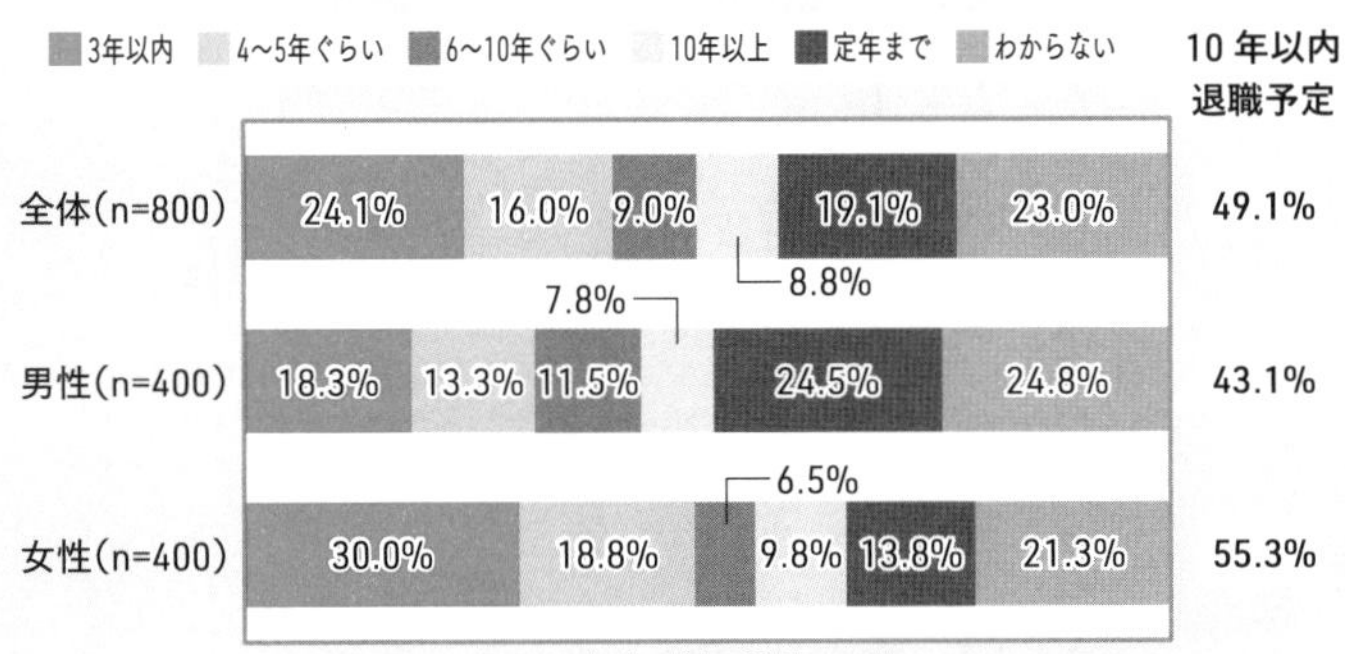

出典：マイナビ転職「新入社員の意識調査（2023年）」をもとに作成

図3を見ると、よりよい条件の仕事を探すために転職する人が増えていることがわかります。

『マイナビ転職』が、2023年に入社した新入社員の会社への帰属意識などを調べたところ、**新入社員のうち約半数が「10年以内に退職」、働きがいを感じていない新入社員のうち、4分の1が「3年以内に退職」予定**と回答しています。その理由は多い順に、**「ライフステージに合わせて働きかたを変えたいから」「給料が低いから」「いろいろな会社で経験を積みたいから」「今の会社ではできないことをやりたいから」**などです。

転職に対するハードルが下がった要因として、働きかたが多様化して自分に合った職場を選びやすくなったことも挙げられるでしょう。たとえば、コロナ禍でリモートワークが一気に広まったこと、男女ともに仕事と子育てを両立しやすい会社が増えたことなどですね。

そもそも、就職活動を「ファーストキャリア」と呼び、転職することを前提としてキャリアを考えるようになったことも見逃せません。また、今まではふれる機会が限られていた転職に関する情報が、得やすくなったことなども挙げられます。

特に情報に関しては、SNSや口コミサイトなど、インターネットで情報を収集しやすくなりました。個人の発信が増えたことで、求人をしている企業が発信する公式情報だけでなく、裏事情まで知ることができるようになったのは、大きなメリットです。ただし、**ネガティブな情報のほうが拡散されやすかったり、個人の主観が色濃く事実そのままとは限らなかったりする傾向があるので、正しい情報かどうかを精査する必要があります。**

転職市場は売り手市場

転職希望者や転職者を迎え入れたい企業の増加を受けて、転職サイトでの求人案件数は増え、転職市場の規模は拡大しています。そして、現在の転職市場は転職者に有利な売り手市場です。

経験の浅い第二新卒（就職して3年程度）でも引く手数多です。2023年10月13日時点で、『マイナビ転職』に掲載中の求人の7割以上が第二新卒歓迎でした。求人1万917件中、第二新卒歓迎は1万5071件（約78％）にものぼります。企業はそれほど人手不足で困っているのです。

今後、人手不足が常態化していくことは容易に想像できます。内閣府によると、2020年には7406万人だった15～64歳の「生産年齢人口」は、2030年には6875万人、2065年には4529万人にまで減少すると予測されているからです（図5）。

この本を読み終えたあと、あなたが転職を決断するにしろ現在の職場に留まるにしろ、

図５　生産年齢人口の減少

2020年

7406万人

2030年

6875万人

2065年

4529万人

人手不足が常態化するなかで、
社会・雇用構造の変化を見据えて転職を考えることが大切

人生を考えるうえで、これから日本社会に生じるであろう、**少子高齢化による社会構造の変化、ジョブ型雇用（欧米で主流の、職務内容と求められるスキルを限定して採用する雇用形態）などへの転換の可能性、求められる業種・職種の変化などについて、頭の片隅に入れておいたほうがいい**でしょう。

Prologue

転職の落とし穴

転職を急ぐと、後悔することになる

「転職すること」自体を目的にしてはいけない

前節を読んで、「そんなに多くの人が転職していて、転職市場が売り手市場なら、積極的に転職をすすめればいいのに」と思った方もいるかもしれません。ここで、この本の最初に書いたことを思い出してください。

現状がつらくて、あるいは周囲の影響を受けて、よく考えずに準備不足のまま転職を急ぎ、思い描いていた理想とは違う現実に直面して後悔することになる――これがまさに「転職の落とし穴」であり、転職を煽ることはしたくない、と私が考えている理由です。

転職を推奨するような最近の風潮のせいか、あまりよく考えず、気軽に転職する傾向があるのも気になります。「ここではないどこか」へ転職したいと思う気持ちはよくわかりますし、それが「逃げ」だなどとは思いません。

けれども、よく考えてください。あなたが転職先になにを求めているのか、転職したあとになにがしたいのかを。

「転職＝ポジティブ」なのではありません。現在の職場に残るのがよいか、転職すべきか、転職するなら優先すべき条件はなにか……、**あなた自身のキャリア全体を俯瞰する視点をもって考える、そこではじめて転職はポジティブなものとなるのではないでしょうか。**

先に、「7割の人が転職先に不満をもち、4人に1人は転職したことを後悔している」と書きましたが、これは私たちが調査から得た「転職のリアル」です。転職をしようと思っている人に冷や水を浴びせたいわけではありませんが、ここで『マイナビ転職』が実施した調査の結果わかったことを紹介しましょう。

転職者700人（20〜50代の男女）を対象に転職満足度などを聞いたところ、「転職を後悔している人」は26・5%でした（図6）。後悔した理由（ネガティブギャップ）の最

図6　転職を後悔していますか？

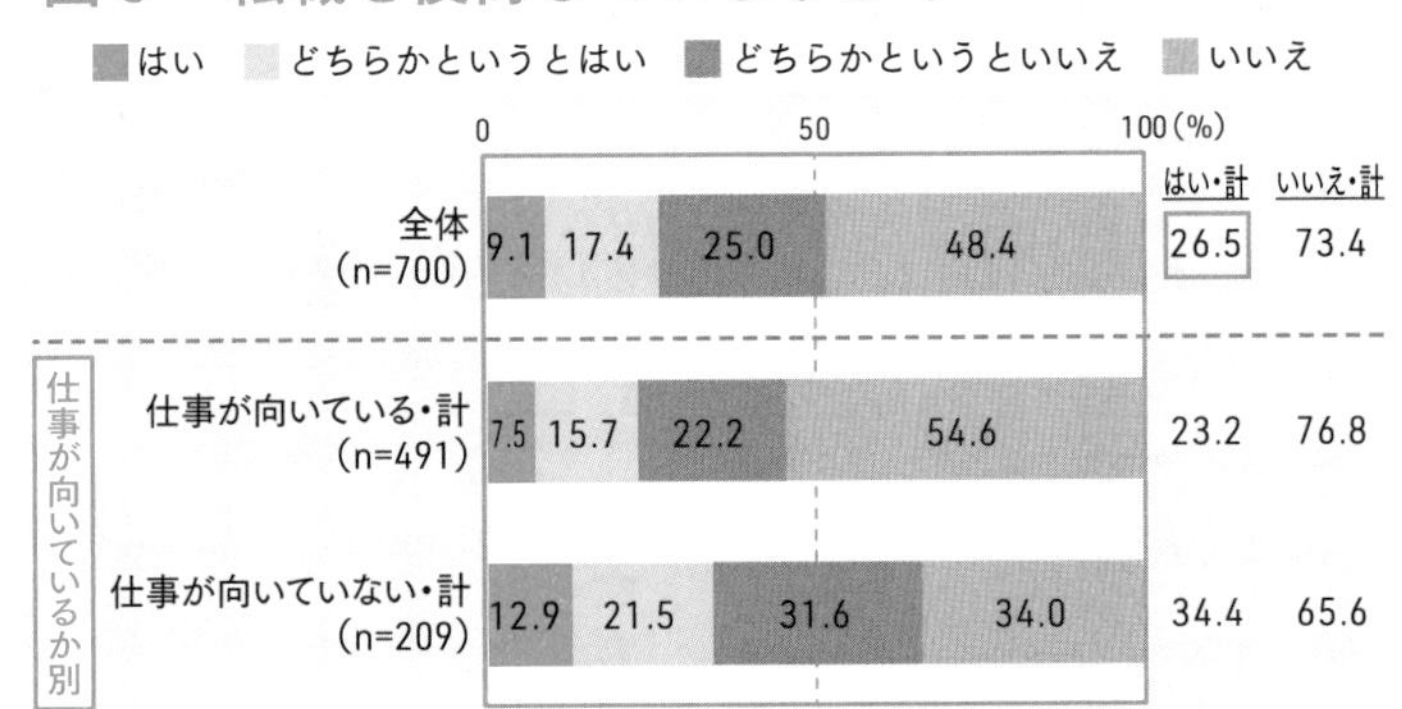

出典：マイナビ転職「転職満足度調査2023年版」をもとに作成

上位は、「給与（昇給制度を含む）」です。「どちらかといえば後悔していない」層でさえ、給与に対する不満は4割を超えています。ただし、給与に不満があっても、転職を後悔していない人も一定数います。

転職を後悔している人の理由の2位は、「休日」「残業時間」。実態がどうか気になりながらも、休みや退社時間を面接で聞くと、仕事への意欲を疑われて合否に影響するかもしれないと、面接で聞けない人が多い項目です。

転職を後悔している人で、転職活動の結果、「生活から余裕がなくなった」と回答している人が多いのは、休日の減少や残業時間の増加などハードな働きかたによるものではないかと推測することができそうです。転職を後悔している人は、職種に対するイメージで転職先を選ぶ「憧れ転職」の割合が高めで、実態をよく知らずに転職した結果、ハードな働きかたに面食らったのかもしれません。

このほか、転職を後悔している人には、「仕事内容（やりがい／向き不向きなど）」に不満をもっている人が多く、転職を後悔していない人との差は歴然としています。

転職活動データからわかること

ここで、転職活動自体の不安や意義にも目を向けてみましょう。

図7は、転職活動をはじめた理由を調査した結果です。その理由は上位から**「給料」「仕事内容」「休日／残業時間」「ワーク・ライフバランス」「人間関係」**でした。32ページの図8を見ると、なんらかの不安を抱きながら転職活動をしていた人は81・3％にのぼります。

図7　転職活動をはじめた理由は？

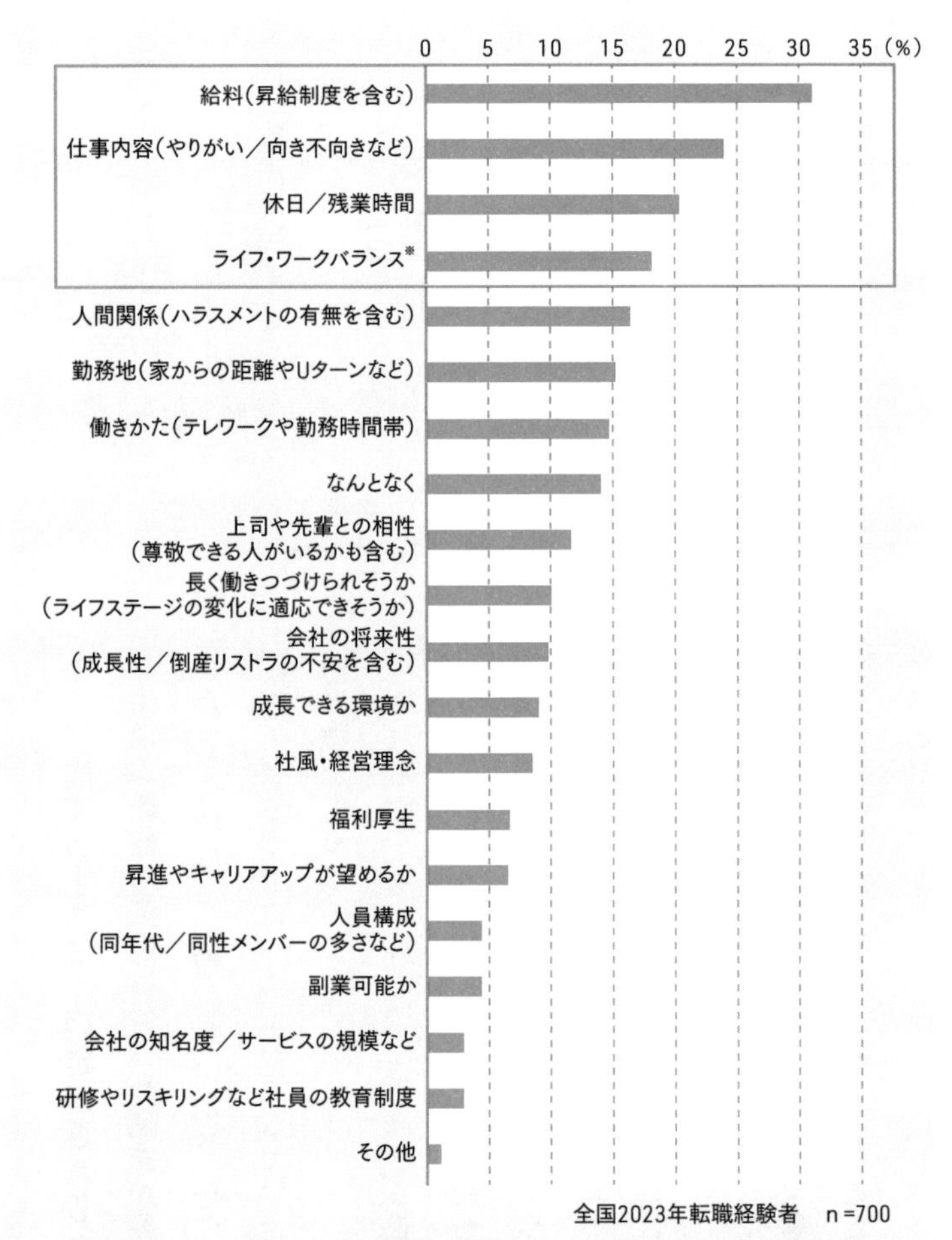

※本調査内では、「ライフ・ワークバランス」として聴取しています
出典：マイナビ転職「転職満足度調査2023年版」をもとに作成

図8　転職時に不安だったことは？

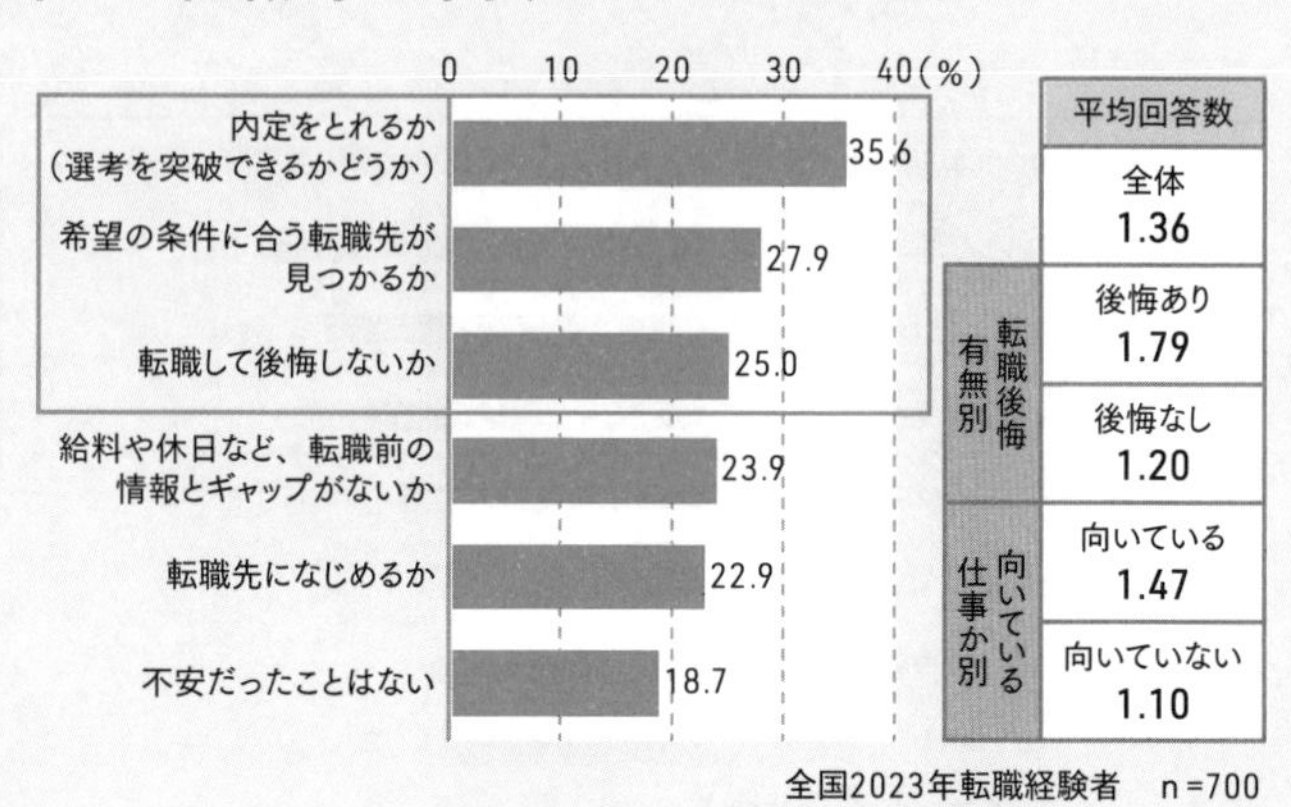

では、なにが不安だったのか。図8を見ると、**回答の1位は「内定がとれるか」、2位は「希望の条件に合う転職先が見つかるか」、3位は「後悔しないか」**。特に「内定をとれるか」は、不安を感じていた人の約半数を占めています。

これらの不安の解消法は後ほどご説明しますが、つまり**転職に際しては、誰もが不安なのです。**だからこそ、転職にまつわるさまざまなことを「知る」ことで「不安」を振り払い、一度立ち止まって「よく考える」ことを、私はおすすめするのです。**準備と心がまえができれば、「不満」「後悔」につながる拙速な転職活動を避けることができるはずですから。**

安易な転職に警鐘を鳴らすため、あえて転職から生じるネガティブな部分にスポットを当てて紹介してきましたが、転職にはもちろんポジティブな側面もあります。

たとえば、転職活動をすることで**「よい仕事に出合えた」**（25・7％）**という好ましい結果や、「自分のスキル・能力・経験に自信がもてた」**（21・4％）、**「仕事に対する価値観や視野が広がった」**（20・6％）など、自身の内面的変化が生じたことを挙げている人が少なくないのです。なかには、**「自分の仕事環境が恵まれていると気づいた」**（14・9％）という人たちもいました。

私たちの調査の結果からは、転職後に早期退職（90日以内）する人がいること（5・3％）、約7割の人は転職先になんらかの不満をもっていることなどがわかります。けれども、この事実を裏から見れば、「転職先に不満はない」人も約3割はいたということです。

この3割を目指すために、**くれぐれも「転職を急ぎすぎない」ことを心に刻んでいただきたいと思います。**

Prologue

なぜ、転職の落とし穴にはまってしまうのか？

転職で後悔する人たちの共通点

転職を急いで後悔する人が後を絶たないのは、「内定がとれるか？」という不安にかられて、できるだけ早く結論を出したいと考えるからでしょう。

不安の理由になりがちなのが、「勤めていた会社を辞めてから転職活動をはじめる」というパターン。収入断絶期間が長くなることへの焦りから、妥協転職になることが少なくないようです。これを防ぐためにも、**本当に納得のいく転職先を見つけるまでじっくり転職活動を行い、次の会社への入社の目途が立ったところで、退職することをおすすめします。**

転職先を決定する際に注意したいのが、**転職先候補となる企業はよく見える傾向がある**ということ。たとえば、書類選考がすんなり通り、面談で「今までよく我慢してきましたね」と同情されて、「うちに来たら、どんどんチャレンジできますよ」と言われれば、転職先がユートピアのように思えるのも無理はありません。

拙速な転職パターンを避けるためには、当たり前のようですが、あなた自身がなにを求めているかを整理し、自分に合っている会社はどこかをよく考えることが重要なのです。

中途採用を支援してきた私たちの経験上、転職で後悔する人たちには一定の共通点があるように見えます。これは私だけの印象ではなく、求職者サポート部署の担当者の分析などからもうかがえる傾向です。

ここで、その共通点を具体的に挙げてみましょう。

① 自己分析が不足している

自分自身の強みや弱み、興味、価値観などを理解していないと、自分に合った仕事や会社を見つけるのは難しくなります。自分を客観視できていなければ、自分と会社の相性を判断することはできません。仮に書類選考は通っても、面談の際に自分の強みを転職先でどう生かせるのか伝えられなければ、望む会社に転職することもできません。

②　転職理由が不明確

つらい現状を抜け出したいという気持ちはよくわかります。しかし、転職理由が「今の仕事が嫌だから」だけでは、次の職場で同じ事態に遭遇しないとは限りませんし、そもそも面接を通ること自体難しくなります。「今の仕事は自分に合っていないような気がするから」「友達が転職したから」などといったぼんやりした転職理由は、特に第二新卒に多い傾向があります。

転職先に自分がなにを求めているのか、どんな将来像を描いているのかを明確にすることが大切です。転職は「目的」ではなく、あなたの人生を豊かにする「手段」だということを認識していただきたいと思います。

③　準備が不足している

履歴書や職務経歴書の作成、面接対策など、転職には多くの準備が必要です。特に現職と並行して転職活動をしていると、時間の確保が難しい面もありますが、前日に慌てて職務経歴書を書く、応募先の下調べをしないまま面接に臨むなど、準備不足のまま進めるとよい結果を得られないことが多いのは、言うまでもありません。

④市場・企業研究が不足している

自分が希望する業界や職種の需要、賃金水準、キャリアパスなどを把握していないと、現実的な転職活動はできません。また、転職先の企業の特徴をつかんでいなければ、そこでなにができるのか、どう貢献できるのかもわからないので、採用担当者から志望動機を聞かれても納得感のある回答をすることは難しくなります。

⑤リアルなネットワーク不足

求人情報に書いていない情報など、職場の内情を知るためには、その会社の人や業界の人々とのつながりが役立ちます。「そこまでしなくてはだめなの？」と思う方がいるかもしれませんが、たとえば転職しようと思っている会社に関する情報をＳＮＳなどで検索してみたり、ＯＢやＯＧに会って話を聞かせてもらったりするだけでも役に立つはずです。

むやみに転職を重ねる危険性

ここで、転職する際のもうひとつの問題点にふれておきたいと思います。それは、**「転職をくり返すことには、どのようなメリット・デメリットがあるか」**ということです。

結論からいえば、**転職回数が多いことは、採用担当者の懸念点になります。**企業にとって、採用というのは大きな決断で、コストもかかります。入社してもすぐに辞めてしまうかもしれないと思うと、なかなか採用に踏み切れません。例外は、スキルが高く、キャリアに対するビジョンがしっかり定まっていて、ステップアップのための転職をくり返す比較的ハイキャリアな人材でしょう。

マイナビが行った「転職動向調査2023年版（2022年実績）」では、転職して収入が増えた人は3～4割。残りは同程度か下がっていることがわかっています（図9）。

「合わなかったらまた転職すればいいや」とよく吟味しないまま転職し、不満が出てまた転職するという状態が続くと、次の転職がしにくくなるだけでなく、転職回数が増えるほ

図９　転職後の年収の変化は？

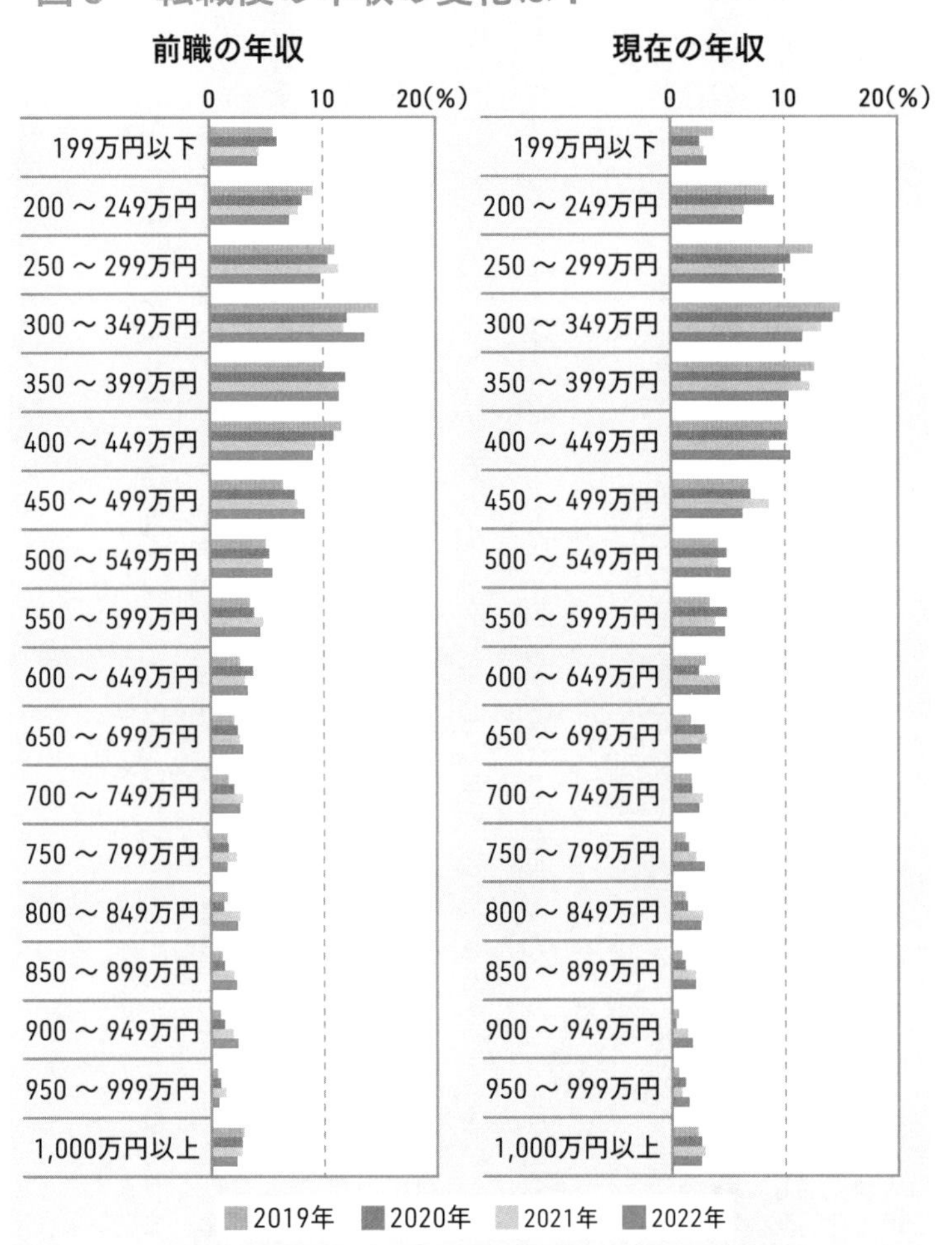

出典：マイナビ「転職動向調査2023年版（2022年実績）」をもとに作成

ど年収が下がる可能性が高くなるのです。

では、転職先に不満を感じて、「もう、ここでは働けない」と思ったときはどうすればよいのか。この問いに対して私が伝えたいのは、**「ギャップを教訓にし、今度こそ後悔しない転職をしてほしい」**ということです。

「ユートピアは存在しない」と考えて、転職先に期待しすぎないことも大切です。「すべてが理想通りの職場」はなかなかありません。いざ働きはじめてみると「思い描いていた環境と違う」といったことは、多かれ少なかれ生じるものです。それでも「ここだけは改善したい」とこだわった点が満たされていれば、「悪くない転職だった」と思えるでしょう。

転職前の理想と転職後の現実とのギャップを埋めるためには、まずは自分を客観的に評価し、なにを求めているかを明確にすること。そのうえで、転職先の企業をよく知ること。これに尽きるのです。

Prologue

よりよい転職をするために必要なこと

「自分」をよく知る

「転職をポジティブにする」——これがこの本の大きなテーマです。第1章からは、具体的に踏み込んでより詳細に、そのための考えかたとアプローチを紹介していきますが、ここでは大づかみに整理したダイジェストをご紹介しましょう。

転職をよりよいものにするための第一歩は、自分をよく知ることです。「自分のことはよくわかっている」と多くの人は思っていますが、じつは自分自身を客観視できている人は少ないのです。

試しに、次の質問に答えてみてください。

Q

「あなたの長所はなんですか？　3つ以上挙げてください」

「あなたの短所はなんですか？　3つ以上挙げてください」

「仕事へ取り組むときに、大切にしていることはなんですか？」

「前職（現職）で会社に貢献できたことはなんですか？」

「どんなときにやりがいを感じますか？」


あなたはスラスラと答えられたでしょうか？　これは意外と難しく、大多数は「うーん……」と考え込んでしまったのではないか、と想像しています。

社会人経験が長い人は、答えに窮することはなかったかもしれませんが、若い人ほど難しいと感じるはずです。

まず、**長所については、上司や同僚、友人からほめられたことを思い出してみてください。**あなた自身にとって当たり前と感じていたこと、自分が思ってもいなかったことをほめられたことが多いのではないでしょうか。

私たちは往々にして、「自分が頑張ったこと」を長所と思い込みがちです。「苦手な◯◯を克服した」「□□をやり遂げた」などですね。そして、**いつの間にか「苦もなくできること＝得意なこと」を忘れて、「苦手でも頑張ったこと＝得意なこと＝長所」と思い込んでしまうのです。**

これまでの経験を振り返り、仕事の内容や実績などを整理することを、私たちは**「キャリアの棚卸し」**と呼んでいます。**「キャリアの棚卸し」をすれば、仕事への取り組みかたや、仕事を通じて得たことを整理する過程で、それまでは気がつかなかった自分の長所や短所、得意なことや苦手なことなどを再認識できるはずです。**

「キャリアの棚卸し」を含め、自分をよく知って長所を転職に生かすポイントや、私たちが考えるアプローチの方法について、詳しくは第1章で紹介しましょう。

転職先に求めるものを明確にする

転職したい理由は人それぞれです。私たちの調査では、年収アップを求める人が最も多いものの、それでも3割程度です。

仕事の内容、職場での円滑な人間関係、さまざまな経験を積んで成長できる環境、仕事に対する裁量ややりがい、仕事とプライベートの両立（ワーク・ライフバランス）、福利厚生の充実……。これらすべてが得られる職場があれば理想的ですが、残念ながら、それはとても難しいと言わざるをえません。

そう考えると、**なにが最も重要なのか、優先順位をつける必要が生じます。**給与を選べば、仕事とプライベートの両立（ワーク・ライフバランス）は難しくなるかもしれません。安定を望めば、仕事面の裁量・やりがいとのトレードオフ（2つが両立しない関係）になる可能性があります。

「現状のなにを変えたいのか」という視点で、まず、譲れない条件を決める必要があります。これが**転職の軸**になります（図10）。

通常、転職の軸は2〜3本です。たとえば、「職務内容として営業職」「給与は500万円以上」「福利厚生の家賃補助」を軸にしたとしましょう。「絶対に変えたいこと以外は求めすぎない」と割り切れば転職先は見つけやすくなりますし、「思っていたのと違う」というミスマッチを防ぐことができるうえ、自己PRをしやすくなるはずです。

転職活動中は柔軟に考える

転職候補に選んだ企業のうちの1つがだめだったからといって悲観することはないのですが、1社の採用面接に落ちたことですべてをあきらめてしまう人は少なくありません。最初から転職の軸をがちがちに固めて転職候補をしぼりすぎるのは、考えものだと思います。

転職先の候補として選んだ企業の求人にはとりあえず応募して、柔軟に条件を見直して変化させていくことも必要です。なぜなら、転職活動をする過程で、「自己PRで面接官が、自分が思いもしなかったところに興味をもって評価してくれたので、そのスキルも強みになるのかと気づいた」「やりたい仕事がはっきりわかった」「仕事に対する価値観や視野が広がった」など、**それまで気がつかなかった自分の一面が見えたことで方針転換をして、転職がうまくいった人たちの声を聞いてきたからです。**

これは、転職の軸をずらしながら最適化させていく**「軸ずらし転職」**という方法です。実際に、軸ずらし転職を用いて試行錯誤しながら、第一候補ではなくまったく違った職種に転職した方もいました。

たとえば、事務職を希望していたとしましょう。その理由がパソコンのスキルを生かすためであれば、事務職と近接した営業事務にも、かなり領域の異なるシステム保守などの仕事にも就くことができるかもしれません。**事務の経験＋自分の強みであるスキル＝これまで未経験の職種、**となることもありえるのです。

「転職の軸」「軸ずらし転職」を含め、転職先に求めるものを整理するポイントや、私たちが考えるアプローチの方法について、詳しくは第2章で紹介しましょう。

転職はこわくない

ここまで転職のネガティブな面も含めて解説してきましたので、気分がどんよりとしてしまった方もいるかもしれません。勘違いしてほしくないのは、**転職が成功するかどうかは、あなたのアプローチ次第だということです。**よりよい転職をするために必要な情報を知り、コツさえつかめば転職はこわいものではないのです。

実践編に入る前に、もう一度強調しておきましょう。**よい転職とは、あなたにとって最適な転職先に移ることであって、誰もが入りたい会社に入るということではありません。**

そして、あなたに合った会社を見つけて豊かな人生を築くために必要なことは、「**あなたが求めるものはなにか**」「**新たな環境で生かせる自分の強みはなにか**」を知ることです。

そのための協力を、私たちは惜しみません。あなたにとって最高の転職先を一緒に見つけていきましょう。

第1章

「キャリア」のこと

自分を知る

Chapter 1

多くの人は自分の能力と強みを理解していない

キャリアとはなにか

この章から、あなたの転職を成功させるための実践的な提案を行っていきます。その最初のステップである「自分を知る」についてふれる前に、そもそも**「キャリアとはなにか」**を考えてみましょう。

「経歴のことでしょう?」

「就職や出世など、経験の積み重ね?」

そんな声が聞こえてきそうです。たしかに、どちらも間違いではありません。キャリアとは、厚生労働省によれば「過去から将来の長期にわたる職務経験やこれに伴う計画的な能力開発の連鎖を指すもの」とされています。つまり、**「過去にどんな職に就いていたか」だけでなく、「将来」を視野に入れたうえで、計画的に自分の「能力を開発しつづける」こと——その積み重ねが「キャリア」だということです。**

考えてみれば、**最も重要なことは「なにをしてきたか」よりも、過去の経験を生かして「これからどんな未来をつかみ取っていくか」です。**将来を見据えて仕事に取り組むなかで、目的をもってスキルを磨き、知識を蓄え、経験を積むことができたとき、豊かなキャリアを積んだといえるでしょう。

そして、このようにキャリアを捉え、「転職＝よりよい環境で働くための重要な転機」と位置づけられれば、申し分ありません。

新卒で社会に出るときには、多くの人が「将来どんな社会人生活を送りたいか」「どのような人生を築きたいか」を思い描いて仕事を選ぶと思います。では、転職するときは？

――序章でもふれたように、「とにかくいまの仕事を早く辞めたい」と焦るあまりに、転職すること自体が目的となってしまう人は決して少なくありません。

あえて「キャリアとはなにか」という問いを発したのは、**「これからどんな毎日を送りたいか」を思い描いて仕事を選ぶという初心を思い出していただきたいからです。**転職の目的は人生を幸せにすることであり、転職自体はそのための手段にすぎないのですから。

あなたが気づいていない「強み」「スキル」「可能性」

計画的に自分の能力を開発しつづける――これはとても難しい課題のように感じるかもしれません。

そもそも、自分の強みはなにか、あなたは自覚しているでしょうか？　転職を望む大多数の人たちは、自分の能力や強みをわかっていません。実際、マイナビ転職を利用する方からの相談では「今の仕事ではなにも身につかなかった」という話を聞くことがよくあります。ところが、ふだんの業務について詳しく聞いてみると、「それが強みなのでは？　アピールしないのはもったいない！」「そういう経験を求めている企業はたくさんあるのに……」と思うことがしばしばです。

つまり、**自分では「当たり前」になっていて気づきにくいものの、ほかの企業、ほかの職種から見ると、立派な強みをもっている――こんな事例が少なくないのです。**

本書をお読みのみなさんにまず伝えたいことは、**自信をもってほしい、**ということです。秘められた能力や強みは、誰にでもあります。それに気がついていないだけなのです。**自分の強みを見つけることが、よりよい転職への第一歩です。**強みが見つかれば、これまでは気がつかなかった可能性や、どんな仕事が自分に向いているかがわかります。そして、やりたいことを探す道筋がはっきり見えるはずです。

こうした意識や自分の強みを見つめなおす作業を欠いたまま転職活動に入ってしまった人たちの転職満足度は、総じて高くない傾向が見られます。過去に経験したことのある業種・職種にとらわれ、狭い選択肢のなかから転職先を選ぶことになりがちだからです。

多くの人は、「自分の経験を生かすためには、前職と同じ業種・職種を選んだほうがよいだろう」と考えるかもしれません。ここで、そうとも言い切れないことを示す、興味深いデータを示しましょう。

マイナビの転職支援サービスにおける転職率を見ると、30代後半以降になると半数以上の方が同業種・同職種へ転職をする傾向が見られます。特に同職種へ転職する傾向が強くなりますが、20代でいうと約7割は、異業種転職や異職種転職をしています。

転職活動をする過程でやりたいことが見つかり、業種・職種を変える人がこんなにも多いことに、あなたは驚くかもしれません。転職の選択肢は、思っているよりも多いものです。**選択肢を多くもてればもてるほど、自分にぴったりな仕事や働きかたを見つけやすく、満足できる転職になる可能性は高まります。**

たとえば、私たちが転職をサポートした例で、長年エステティシャンとして働いてきた方がいます。彼女は体力的な負担から転職を考えるようになり、一般的な事務職を希望していましたが、求められるPCスキルに自信がないことが大きなハードルとなっていました。

そこで条件をリセットし、この方が得意とする「人と話すこと」「相手の希望に応えてサービスを提供すること」を生かせる職種を探してみました。注目したのは、顧客からの問い合わせに対応して問題解決につなげるコールセンターのカスタマーサクセスでした。この職種なら、PCスキルに自信がなくても、得意とするコミュニケーションスキルでカバーすることができます。

こうしてカスタマーサクセスに焦点を合わせて転職活動を続けたところ、あるメーカーのコールセンターに転職することができました。給与は前職とそれほど変わらなかったものの、身体的な負担を軽減できること、自分の得意なことを生かせることを喜んでいました。

これは、転職でかなえたいことがなにかを見きわめ、強みを再認識してアピールできたからこそ、うまく異業種にシフトできた好例です。異業種・異職種への転職例については、第3章で詳しく紹介しましょう。

Chapter 1

キャリアを構成する4つの要素

「再現性」に注目する

キャリアを考えることは「自分を知る」ことにもつながります。ここで、キャリアを構成する要素について深掘りしてみましょう。

過去に積んだキャリアは、次の4つの要素で構成されています。

①テクニカルスキル

これまでどんなことを経験してきたのか、どのような知見をもっているのか――つまり、**職種経験、業界経験、専門知識など**がこれに当たります。

たとえば営業職なら、商談・接客経験、顧客に共通する課題への理解とアプローチ経験、商材知識、市況感や法律に関する知識などです。同業種・同職種への転職を考える場合には、これが即戦力としての最大の強みとなる反面、業界や職種が変わると生かせないことも多い要素です。

② ポータブルスキル

課題を設定する力や対応力など、働く場所が変わっても応用できる能力であることから、「ポータブル（持ち運びができる）スキル」と呼ばれます。たとえば、「**論理的に考える力**」「**顧客のニーズを聞き出す力（コミュニケーション能力）**」「**プレゼンスキル**」などがこれに当たります。

③ スタンス

仕事の目的や自分の役割を理解したうえでどのような行動をとるかなど、**仕事に対する考えかたや行動特性、仕事への向き合いかた**です。**仕事に対する熱意**と言い換えることもできます。

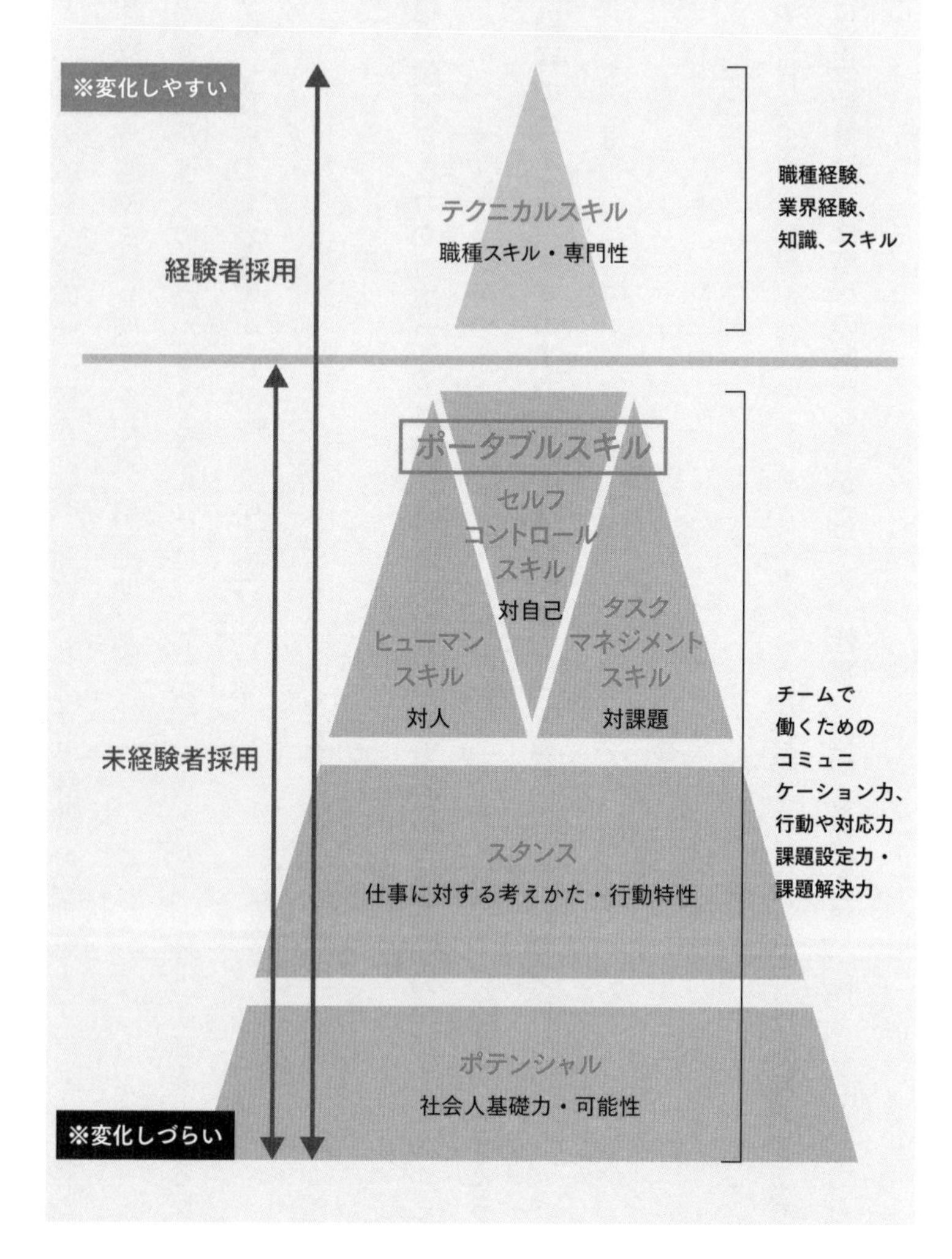
図1-1　キャリアの4つの要素
※変化しやすい
経験者採用
テクニカルスキル
職種スキル・専門性
職種経験、
業界経験、
知識、スキル
ポータブルスキル
セルフ
コントロール
スキル
対自己
ヒューマン
スキル
対人
タスク
マネジメント
スキル
対課題
未経験者採用
チームで
働くための
コミュニ
ケーション力、
行動や対応力
課題設定力・
課題解決力
スタンス
仕事に対する考えかた・行動特性
ポテンシャル
社会人基礎力・可能性
※変化しづらい

④ポテンシャル

潜在能力・可能性を指します。経済産業省が提唱する**「社会人基礎力」**、すなわち、**「前に踏み出す力＝主体性、働きかけ力、実行力」「考え抜く力＝課題発見力、計画力、想像力」「チームで働く力＝発信力、傾聴力、柔軟性、情況把握力、規律性、ストレスコントロール力」**などが備わっていることが求められます。

重視されるポータブルスキル

前項の①「テクニカルスキル」は、専門性を求められる経験者採用では最大の強みになります。他方、②「ポータブルスキル」、③「スタンス」、④「ポテンシャル」は、環境の変化に左右されない＝再現性の高い能力といえるため、未経験者採用で重視される傾向があります。

もちろん、経験者採用だからといって①のみが重視されるわけではなく、①〜④すべてが求められます。②〜④にも強みを見つけることができれば、異業種・異職種への転職を検討する際も「新しい仕事が自分に合っているか」を判断しやすく、選考でもアピールしやすくなると思います。

近年、企業は「ポータブルスキル」を重視する傾向があります。業界知識や職種経験は時間を経れば習得しやすい半面、ポータブルスキルはパーソナリティと深く関わるため、就業先が求める像にマッチさせていくのが難しい部分もあるからです。

業種や職種、ポジションによって求められる要素は異なりますが、**あなたのポータブルスキルが転職先候補で活躍している人材とマッチしていれば、たとえ新たな仕事であってもより慣れやすく、より能力を発揮しやすいということになります。**

業種や職種が変わっても持ち運びできるポータブルスキルは、大きく「仕事のしかた」と「人との関わりかた」の2つに分類することができます。

仕事のしかたでは、たとえば職務上の課題を見つけて解決する「課題の定義」や「課題の解決」、「時間管理」などが挙げられます。人との関わりかたなら、「コミュニケーション能力」や「チームワーク」などがこれに該当します。

参考までに、厚生労働省が定義するポータブルスキルを図1－2に挙げておきましょう。

図1-2　ポータブルスキルの要素

仕事のしかた

現状の把握	取り組むべき課題やテーマを設定するために行う情報収集やその分析のしかた
課題の設定	事業、商品、組織、仕事の進めかたなどの取り組むべき課題の設定のしかた
計画の立案	担当業務や課題を遂行するための具体的な計画の立てかた
課題の遂行	スケジュール管理や各種調整、業務を進めるうえでの障害の排除や高いプレッシャーの乗り越えかた
状況への対応	予期せぬ状況への対応や責任の取りかた

人との関わりかた

社内対応	経営層・上司・関係部署に対する納得感の高いコミュニケーションや支持の獲得のしかた
社外対応	顧客・社外パートナーなどに対する納得感の高いコミュニケーションや利害調整・合意形成のしかた
上司対応	上司への報告や課題に対する改善に関する意見の述べかた
部下マネジメント	メンバーの動機づけや育成、持ち味を生かした業務の割り当てのしかた

出典：厚生労働省発表資料をもとに作成

こうしたスキルをもっていれば、業種や職種に縛られず、自身のキャリアを幅広く展開することが可能になり、将来的なキャリアの選択肢も広がります。

企業は転職者のなにを見ている？

企業側は、あなたの自己ＰＲなどから強みやポータブルスキルを読み取り、**「自社に合った人材か」「うちのチームで一緒にやっていけそうか」**などを判断しますが、特に次の項目は重視される傾向があります。

① 主体的に行動できるか？

企業が求める主体的な行動について考えてみましょう。自分自身の決定に対する責任を自覚し、細かい指示がなくても行動に移せること。目標達成のために必要なアクションはなにかを考え、具体的に計画し実行すること。さらに、新しいスキルを習得したり知識を深めたりするために、自主的な学習を行うこと。困難に直面したときに自主的に解決策を導き出し、実行すること。これらが挙げられます。

② 課題解決に向けて行動できるか？

どんな仕事にも具体的な目標があり、その目標を達成するための課題の設定と、そのための取り組みを最適化する作業が求められます。これが「課題の設定」と「課題の解決」です。「仕事のしかた」を構成するポータブルスキル要素で、厚生労働省が示すポータブルスキル要素に当てはめると、**「現状の把握」**→**「課題の設定」**→**「計画の立案」**→**「課題の遂行」**→**「状況への対応」**と、ひと通りの流れができあがります。

この過程で、従来の枠組みにはない新しいアイデアや解決策を見つけ出す思考能力、課題解決の過程で起こる変化や障害に対応する柔軟性、適切なリスク対応能力が発揮できれば理想的ですが、そんな人はめったにいない、スーパービジネスパーソンです。得手不得手は人それぞれ。1つでも2つでも、あなたが得意とする要素を見つけ出してください。

③ コミュニケーションスキル（傾聴力・自己発信力）は十分か？

上司や同僚、関係部署、顧客や社外パートナーなどとの関係を築くうえで重要なスキルです。いくら主体的な行動や課題解決に向けた行動ができても、周囲を納得させるコミュニケーションスキルが低ければ、評価・支持されにくいのは明らかです。

逆に、**高いコミュニケーションスキルさえあれば、課題解決スキルはそこそこでも、周囲を巻き込んで課題を解決していくことができるかもしれませんし、周囲に対する発信でよい影響を与えることも可能です。**ある意味、最も重要なポータブルスキルといえるかもしれません。

「可能性を秘めた未来」を買ってもらう

マイナビは、転職した人たちに対してだけではなく、転職者を採用した企業側への調査も行っています。「中途採用状況調査2023年版（2022年実績）」のなかから、企業がコミュニケーションスキルをいかに重視しているのかがわかるデータを紹介しましょう。

「中途採用の未経験者選考基準で前年より厳しくした項目として当てはまるものを選んでください」という質問（設定項目数14、複数回答）に対する企業の回答では、**「コミュニ**

図1-3　企業が重視するスキル

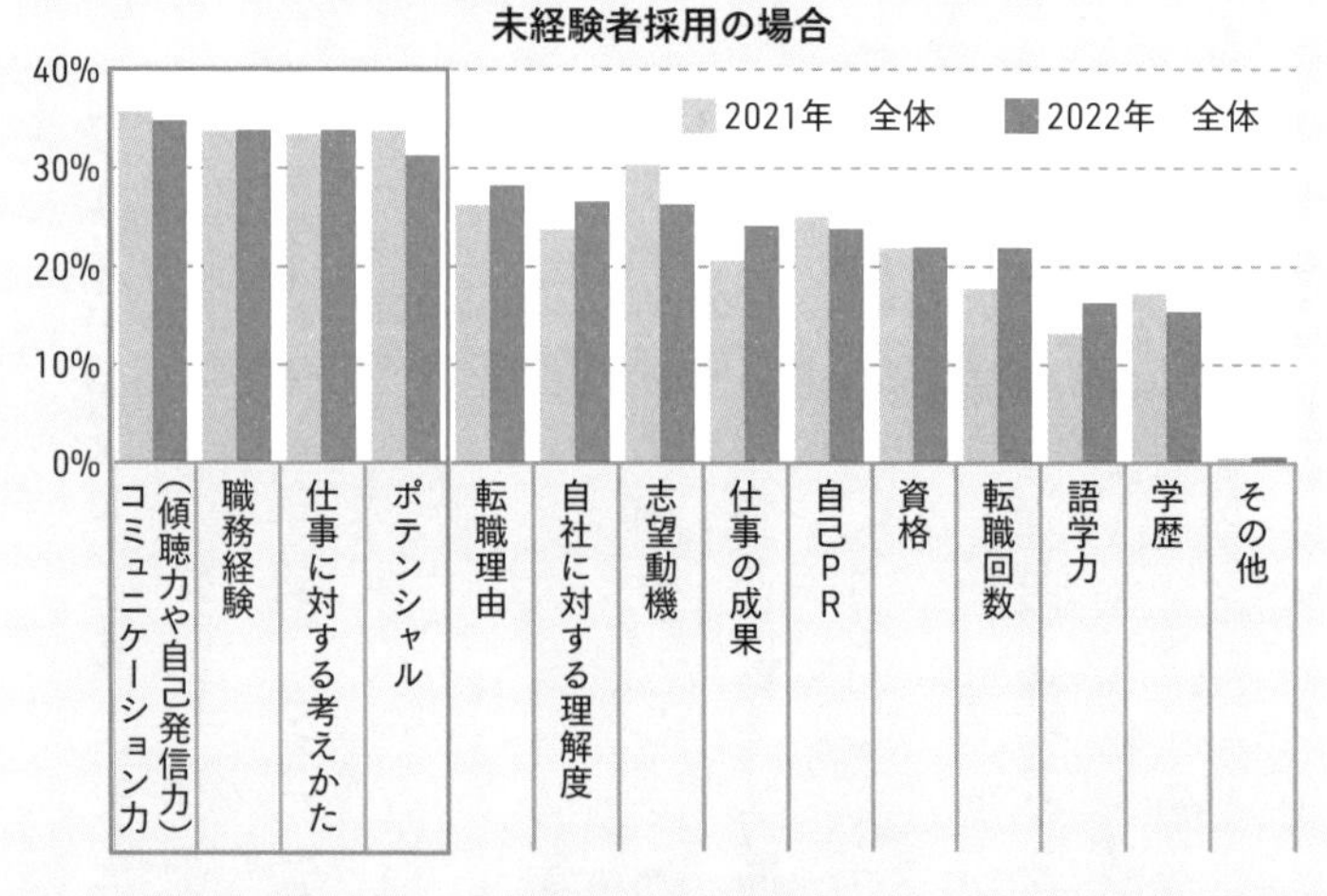

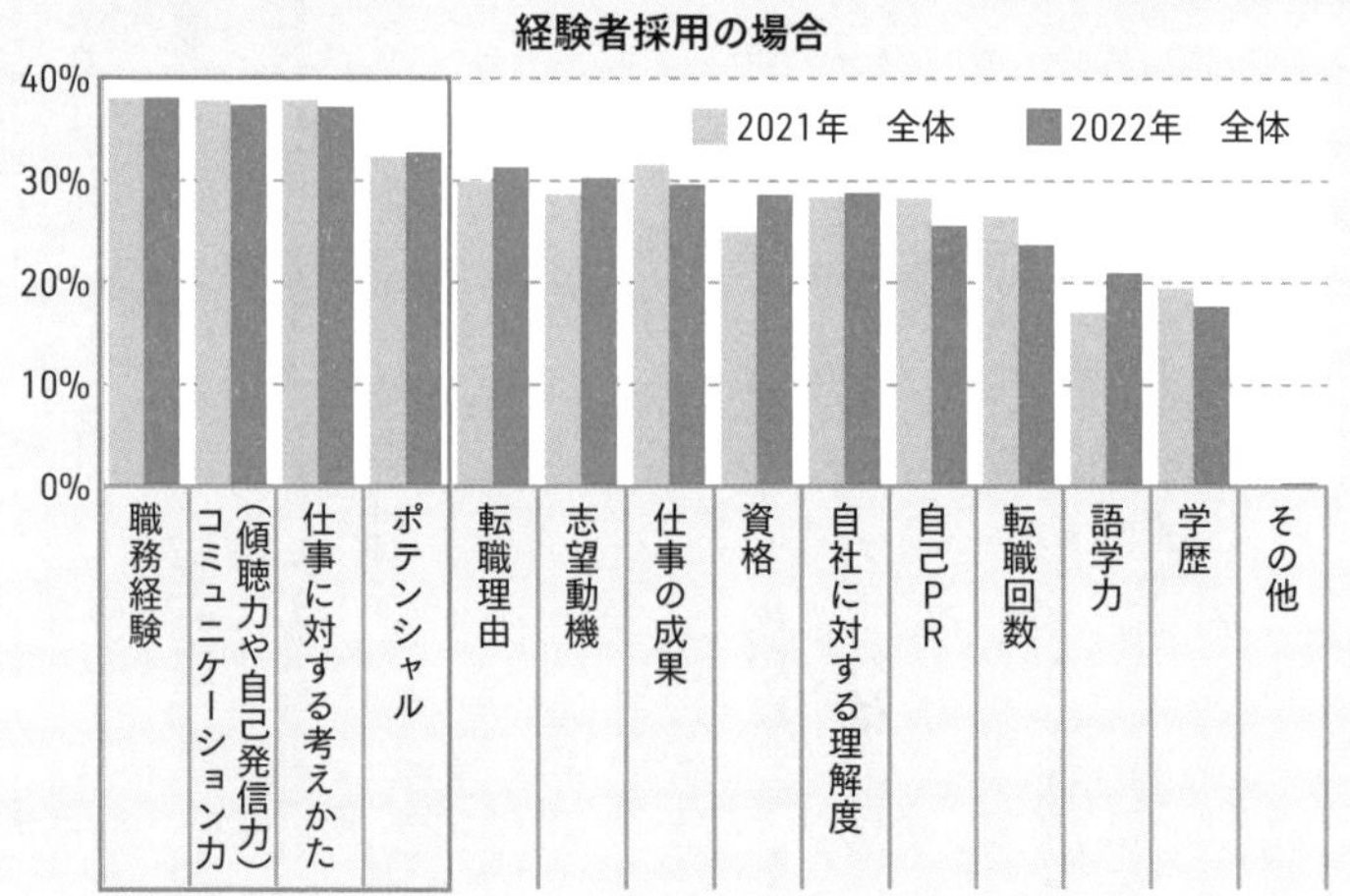

出典：マイナビ「中途採用状況調査2023年版（2022年実績）」をもとに作成

ケーション力」（34・7%）が最も多く、次いで**「職務経験」（33・9%）**、**「仕事に対する考えかた」（33・9%）**、**「ポテンシャル」（31・4%）**の順でした（図1－3）。

同じ質問でも経験者選考基準になると、順位の変動が生じています。**「職務経験」（38・2%）**、**「コミュニケーション力」（37・5%）**、**「仕事に対する考えかた」（37・3%）**、**「ポテンシャル」（32・9%）**の順で、「コミュニケーション力」と「職務経験」の順位が逆転しているのです。

異業種・異職種からの転職ではもちろん、経験者採用においてもコミュニケーション力はこれほどに重視されています。逆にいえば、**即戦力となれる経験やスキルがなくても、ポータブルスキル、特に「コミュニケーション力」をしっかりアピールできれば、可能性は広がります。**

ちなみに、この調査には「必要資格や条件、スキル・経験全般を満たさずとも採用した理由」という質問も設けられています。最多回答は**「人柄がよかったから」**、次いで**「自社に対する熱意や意欲を感じたから」**でした。

「人柄」には、面接での印象が関わってくることは言うまでもありません。「実際に会って、話して、一緒に働きたいと面接官が思えるか」という観点で捉えるとよいでしょう。

さらに具体的にいうと、面接のなかで見えるコミュニケーション力、相手にわかりやすく説明する力、相手の質問の意図を察して必要な答えを返せる力に加え、面接での回答からにじみ出る仕事に対する誠実な姿勢や向上心など、ここまでご説明してきたポータブルスキルと呼ばれる能力です。

つまり、**本来採用するには力不足だとしても、人柄がよく、ポータブルスキルがあり、自社で働くことに対する熱意や意欲があれば、採用される余地があるということです。**

仮にあなたがまだ20代で職務経験が浅く、「職種スキルや実績」が乏しくても悲観することはありません。「ポテンシャル」が重視されていることからわかるように、**多くの企業は「あなたの未来」を評価しようとしています。**自分自身を客観的に見て、今はまだ「職種スキルや実績」に結びついていないかもしれないポータブルスキルを見つけることが、「未来を買ってもらう」ことに結びつくと、私たちは考えています。

Chapter 1

自分の強みの見つけかた

気づきにくい自分の強み

職種スキルや経験は自覚しやすく説明しやすいのに対し、自分の強みやポータブルスキルは気づきにくいという性質があります。実際、自分の強みを「欠点を補うために努力したこと（努力はできるが、得意というわけではない）」と取り違えている人を少なからず見てきました。

簡潔にいえば、**自分の強みとは「無理なく普通にできること」です。**決して「頑張って努力してやっとできたこと」ではありません。「努力できること」それ自体は強みといえますが、「努力してできたこと」は、むしろ苦手だったということです。

「努力してできたこと」よりも、ふだん「意識せずにできていること」に目を向けてみてください。周囲に、あなたがなにげなくできていることを、努力して頑張ってこなしている人はいませんか？「できない」と投げ出している人はいませんか？　たとえば、「宴会の幹事が得意」というのでもよいのです。宴会の幹事役は敬遠されがちなうえ、出席者のスケジュールの確認やすり合わせ、出席者の好みの把握と宴会場所の選定、宴会のスムーズな進行への気配りなど、職務遂行にまさるとも劣らない能力が要求されると思います。「宴会の幹事が得意」→「それはなぜなのか」と考えを進めれば、自分の強みは自ずと明らかになってくるはずです。

自分の強みやポータブルスキルを「洗い出す」ための手順

それでは、自分の強みやポータブルスキルを「洗い出す」には、具体的にどうすればいいのか？　ここで、私たちがおすすめしている手順を紹介しましょう。

①「自分がいち早く気づくこと」「苦もなくできること」を探す

どんな小さなことでもかまわないので、毎日の仕事のなかで、「自分がいち早く気づくこと」「苦もなくできること」を探してみましょう。

たとえば、先輩や同僚の悩みや愚痴を思い出してください。「新しい人が会議にいると話しづらい」「上席に会議参加をお願いするのが気まずい」「会議のパワポ資料を作るのが嫌」など、いろいろあると思います。

そのなかに「自分は当てはまらないな」と思ったものはありませんか？　ほかの人が苦労していることやハードルに感じていることを、あなたは苦もなくスイスイ行えるとしたら、「どんな相手ともすぐに打ち解けられる」「コミュニケーションのフットワークが軽い」という仕事をするうえで必要なコミュニケーション力や、「パワポ資料に慣れている」というプレゼンスキルなどのポータブルスキルをもっている可能性があります。

あるいは、機転をきかせることを常に心がけている人の場合、「職場の雰囲気が悪くなりそうなとき、気のきいた冗談を言うようにしている」のであれば、「人の感情の変化を敏感に察知して、雰囲気が悪くならないように心がけることができる」という強みをもっているといえそうです。

職務に直接関係することだけでなく、チーム内の人間関係を円滑にするための気配りや、チームの士気を高める言葉を発すること、行動を起こすことは、どんな業種、どんな職種の職場でも発揮できる強み。つまり、立派なポータブルスキルです。

職務に直接関係するものであれば、なおよいでしょう。そのときに果たした役割、なぜ役立ったのか、それはどのようなスキルによるものなのかを考えれば、あなたの強みが見えてくるのではないでしょうか。

② 周囲の人からの評価や感謝を思い出す

上司や同僚、顧客からほめられたり、感謝されたりしたことを思い出してみましょう。これによって周囲の人たちがあなたをどのように評価していたのか、つまり、第三者から客観的に見た「強み」を洗い出すことができます。

たとえば、「聞き上手だね」と言われることが多く、そのことで職務がスムーズに行えているのであれば、たとえ多弁でなくてもコミュニケーションスキルの高さの証明となります。同様に、「人をまとめるのがうまいね」「説明がわかりやすいね」「データの見せかたがうまいね」「電話対応が丁寧だね」「PCに詳しいね」など、よく言われるポジティブな評価が参考になると思います。

職務とは無関係な家族や友人からの評価でも、特に「人間関係」や「みんなでなにかをするときの役割や行動」に関することは、仕事に通じる部分が少なくありません。評価された強みが仕事に役立っているかどうかという視点で振り返ることができます。

③ 自分の強みやポータブルスキルをリスト化する

①と②を書き留めることも、重要なポイントです。スマホでも紙でも手軽な方法でこまめにメモしておきましょう。現在の職場の評価シートや面談シート、上司からのフィードバックが残っているのであれば、それもヒントになるかもしれません。これらのメモをもとにして、強みやポータブルスキルのリストを作成します（図1－4）。各スキルの項目にはできるだけ具体的な事例やエピソードと、なぜそれが自分の強みやポータブルスキルであるといえるのか、分析したことを書き足せば完成です。

なお、厚生労働省の「ポータブルスキル見える化ツール（職業能力診断ツール）」をはじめとしたＷＥＢツールがインターネットで公開されています。活用できるものはどんどん使って、ぜひ、あなた自身を見つめなおしてほしいと思います。

図1-4　ポータブルスキルのリスト化の例

コミュニケーションスキル	行動（現状）	はじめての仕事や慣れない領域の仕事も、なんとか乗り切れる	部署内にきた問い合わせは、自分に担当が振り分けられることが多い
	分析	わからないことは自分から質問し、周囲の助けを借りながら進められる	ささいなことでもお礼を言いに行くなど、日ごろからコミュニケーションの種をまいている
継続力	行動（現状）	入社時に先輩にすすめられてはじめた「毎朝業界紙を読む」という習慣が、3年続いている	自分の考えた企画が通りやすい
	分析	後回しにするとやらなくなるので、朝の習慣に入れるなど、努力を継続しやすい方法が見えている	1回で通らなくても、フィードバックをもとに、通るまで粘り強く修正できる
目標設定スキル	行動（現状）	営業ノルマを2年連続で達成できた	営業トークの引き出しを増やすため、受注事例を年間1000件読んだ
	分析	自分で日々の行動目標を設定して、毎日欠かさず行った	1か月に100件、1日5件など細かな目標を立てながら進めたから、できた
課題解決能力	行動（現状）	クレームのあったお客さまにも、最終的にはご納得いただける	後輩に相談されやすい
	分析	お客さまのニーズがどこにあるのか深掘り、質問することで特定できる	具体的な解決と心情的寄り添いの両方を心がけている

Chapter 1

自分に合った仕事を見つけるための「キャリアの棚卸し」

「キャリアの棚卸し」のメリット

「キャリアの棚卸し」とは、これまでの経験を振り返り、職務経験や実績などを整理する作業。自分では気がついていない強みを見つけるうえでも、とても有用なプロセスです。

この章の前半で、キャリアは「テクニカルスキル（職種スキルや専門性）」「ポータブルスキル」「スタンス」「ポテンシャル」の4要素で構成されていることを紹介しましたが、キャリアの棚卸しの「キャリア」は「職務経験や実績」という狭い意味でのキャリアを表していますので、その点はご注意ください。

キャリアの棚卸しには、次のようなメリットがあります。

転職のミスマッチを防げる

自分がもっている経験やスキルを整理しておくと、実際に求人情報を見て転職先を探すときに、企業が求めている経験やスキルと照合すれば、「その企業とマッチしているか」がわかります。

また、あなたがどのように職務に取り組んできたか、どんな仕事でやりがいや達成感を感じたかなどを、できるだけ客観的に振り返ることで、**「どのような仕事に関われば喜びを得られるか」や、仕事に対する価値観を確認することもできます。**それらを再認識することで、あなたに向いている企業の社風や職務環境を判断できるでしょう。

職務経歴書をまとめやすくなる、自己PRに困らなくなる

転職を考える際、職務経歴書などの応募書類をどう書くかは、多くの転職者の悩みの種になっています。キャリアの棚卸しによって、自分のスキルや強み、どんな思いで仕事に取り組んできたか、重視する価値観が把握できれば、**自己PRや志望動機などがスムーズ**

に書けるようになり、面接でも、具体的なエピソードをまじえた自己PRが可能となります。

転職の選択肢が増える

「ポータブルスキル」の項目で書いたことと通じますが、ふだんの仕事への取り組みかたや実績を整理すると、これまで気がつかなかった自分の強みや弱み、やりたいことなどを確認できます。そのなかで、**想像してもいなかった業種や職種とのマッチングに気がつくこともあるでしょう。**

理想の未来を描くことができる

キャリアの棚卸しは転職活動だけでなく、5年後、10年後、20年後にどんな仕事にどのようなポジションで関わっていきたいかという「将来像」を思い描くことにも役立ちます。**自分の現在地を知ることで、今すぐ転職をしなくても、職場における自分の価値を高めていくためにどう行動していけばよいのかを考えるきっかけとなるはずです。**

また、どのようなポジションに就きたいのか、「将来、もっと大きなプロジェクトに関わりたい」と思うなら、今、どのようなスキルを磨き、どのような経験を積むべきかを明確にすることにもつながります。**たとえ「今は転職しない」と決断したとしても、同じ会社のなかで、より「自分に合う仕事」「自分に合う働きかた」を獲得するために主体的にキャリアを築いていくことにも役立つのです。**

「キャリアの棚卸し」の具体的なやりかた

私たちが推奨しているキャリアの棚卸しは、通常、次の4つのステップに分けて行います。ここでは、本章の目的である「自分を知る」ことに必要なステップ1とステップ2にしぼって解説していきましょう。

ステップ1　1日の仕事を目的・プロセス・成果に分けて書き出す
ステップ2　ステップ1をベースにキャリアシートを作成する
ステップ3　今後のキャリアの方向性を考える
ステップ4　応募企業とのマッチングを考える

ステップ1　1日の仕事を書き出す

「これまでのキャリアを振り返る」と言われても、どうすればよいのかわからないのが正直なところだと思います。そこで**最初のステップとしておすすめするのが、1日の仕事を「目的」「プロセス」「成果」に分けて書き出すことです。**

具体的には、**思い出しやすい直近の1日を振り返ることからスタートします。**典型的な1日の職務を思い出すことができるなら、直近でなくてもかまいませんし、1日単位で書きにくい場合は、あなたが関わったプロジェクトごとに書き分けるやりかたもあります。

ポイントは、できるだけ具体的に記載することです。キャリアの棚卸しの目的は、職務経験を振り返ることですから、担当していた職務が変わった場合、あるいは人事異動で部署が変わった場合などには、同じ手順でそれぞれの仕事の内容を書き出します。図1−5は、職種を「営業事務」と仮定した場合の例です。

図1-5　キャリアの棚卸し　ステップ1

1日の仕事を目的、プロセス、成果に分けて書き出す

職務内容	職務の目的（目標）	プロセス（取り組みかた）	成果（実績・評価）
顧客向け販売促進資料作成	既存のパンフレットに加えて顧客向け販促資料を作成し、売り上げを伸ばす	ユーザーの購入動機、決め手、購入後の感想をわかりやすくPowerPointでまとめる	営業担当者からわかりやすいと評価を得る
顧客の問い合わせ（電話応対）	取引につなげるためにわかりやすく丁寧な対応を心がけ、速やかに営業担当者に連絡	問い合わせ内容について、丁寧な説明を行う	訪問のアポイントが取れる
売り上げ資料作成	役員会議で使用する月間売り上げ資料を作成	売り上げをデータベースでまとめてクラウドで管理する	迅速かつ読みやすい資料だと役員からほめられる
営業担当者の交通費精算	経理に提出する交通費精算書類を作成	営業担当者10名の交通費の申請書を作成	ミスのない精算業務を行う

「職務内容」

「顧客用プレゼン資料作成」、「売り上げ資料作成」、「経費精算事務」など、実際に携わっていた職務内容を細かく記載します。キャリアの棚卸しはあくまで業務を整理する目的で行うものなので、月に数回など定期的にやっていた業務を入れていただいてもかまいません。

余裕があれば、「誰と」に着目してみるのもおすすめです。仕事で関わる人は「顧客（年齢・性別などに傾向があればそれも記載）」「上司」「年の近い先輩」「同僚」「後輩」などさまざまだと思います。誰と職務を行ったか記すことで、「誰かに教える仕事が好き」「シニア世代のお客さまとたくさん話せる仕事がしたい」など、後の転職先につながるヒントが得られるかもしれません。

「職務の目的（目標）」

職務の目的や具体的な目標を記します。

◎例：職務「顧客用プレゼン資料作成」

　→目的「営業から、既存のパンフレットでは情報が足りないという意見が出たため、適切な情報量を盛り込み、かつ、わかりやすい顧客向け販売資料のたたき台を2週間で作成する」

「プロセス（取り組みかた）」

目的や具体的な目標を達成するために、どのように取り組んだかを書き込みます。

◎例：職務「顧客用プレゼン資料作成」

　→プロセス「情報が足りない部分を補い、購入後の感想を付け加えた販売資料のたたき台をＰｏｗｅｒＰｏｉｎｔで作成した。決められた期日内にまとめることができた」

「成果実績・評価」

仕事の成果（実績・評価）を記します。成果は「対目標120％達成」「作業時間1時間短縮」「受注数エリア内2位」など数字で表せるものだけでなく、上司や同僚、顧客などからの評価があると、具体的になります。

◎例：職務「顧客用プレゼン資料作成」

↓成果「営業担当者から、たいへんわかりやすくてよいと言われたが、ユーザーが購入の決め手とした要素も付け加えてほしいという要望もあった」

◎例：職務「顧客用プレゼン資料作成」

↓成果「営業担当者から、情報が多くなったのはよいが、整理されていないため、わかりにくいと言われた。プレゼン前に同僚の感想を聞くなどすべきだった」

＊

このように各項目を書き出したあとに、**「得意」「苦じゃない」ものは赤線、「苦手」「気分が乗らない」ものは青線など、色分けしてみるのも効果的です。**こうして書き出すことによって、あなたの強みや弱みが浮き彫りになってくるのです。

ステップ2　キャリアシートを作成する

キャリアシートのベースになるのが、ステップ1で作成したシートです。**ステップ1のシートを所属した部署ごとにまとめ直し、さらに、習得したスキル、不満だったこと、やりがいを感じたこと、今後かなえたいことなどを書き加えていけば、これまでのあなたのキャリア全体を俯瞰できるキャリアシートが完成します。**

ステップ1で、成果の項目に「うまくいかなかったこと」を記した場合は、失敗・反省点の欄に記載するようにします。無理にすべての項目を埋める必要はありませんが、**「成果（実績・評価）」「発揮した強み」「やりがいを感じたこと」「今後かなえたいこと」の項目は必ず記載するようにしてください。**ステップ1と比べて、少し長いスパンで振り返ることになりますから、会社の成績評価シートや、賞与の査定で評価されたこと、上司から

図1-6　ポータブルスキルのリスト化の例

キャリアシートに落とし込む

囲んだ項目・内容は、ステップ3でも使用

在籍期間	20○○年○月～20○○年○月	20○○年○月～20○○年○月	20○○年○月～20○○年○月
企業名・所属部署・役職	○○生命保険相互会社　○○支店	○○株式会社　サポート本部	株式会社△△ハウス　営業第1部　主任
職種	個人営業	カスタマーサクセス	営業事務
職務内容	・生命保険商品の個人営業 ・見積書、提案書の作成	・携帯電話の使い方や不具合のカスタマーサクセス ・派遣社員の新人指導	リフォームメーカーの営業担当者サポート ・顧客向け販売促進資料作成 ・売り上げ資料作成 ・顧客の問い合わせ対応（電話応対） ・営業担当者の経費精算
規模（部署人数など）	営業25名	カスタマーサクセス30名（派遣社員含む）	営業担当者15名 営業事務2名
仕事の目的（目標）	・顧客に適切な商品を提案し、売り上げを伸ばす ・顧客に適した商品の提案書作成	・サポートを通じて顧客満足度を高める ・サポートの質を高める新人指導	・営業担当者が営業に集中できるようサポート ・営業部門の売り上げ目標前年比110%達成 ・顧客向け販促資料を作成して売り上げを伸ばす ・役員会議用の月間売り上げ資料を作成 ・顧客訪問につなげるためにわかりやすく丁寧な対応 ・営業活動に支障が出ないよう速やかな交通費等の経費精算
仕事の取り組み方（プロセス）	企業の昼食時に訪問、既存顧客からの紹介で売り上げを伸ばす ・担当エリアでの営業活動 ・顧客の生活環境やライフプランにマッチする保険商品を提案	・顧客の要望を把握し、的確な対応を行うため遠隔操作を導入。迅速な解決が可能になる ・指導用マニュアル整備に加え、疑問の早期解決のため毎日5分個別ミーティングを行う	・リフォームの動機、決め手、感想をまとめPowerPointで作成 ・売り上げをデータベースでまとめてクラウドで管理する ・問い合わせ内容について丁寧な説明を行う ・営業担当者10名の交通費の申請書を迅速に作成
成果（実績・評価）	顧客からの紹介が伸び売り上げ目標110%達成　営業25名中13位	・顧客満足度が前年より5%アップ ・養成期間が短縮（14日⇒10日）	・営業担当者からわかりやすいと評価される ・迅速かつ読みやすい資料だと役員からほめられる ・訪問のアポイントが取れる ・ミスのない精算業務
発揮した強み	顧客のニーズをつかんだ商品を提供し、売り上げ目標を達成	・相手の要望を的確にくみ取り、年代に合わせた顧客対応能力 ・新入社員への指導(派遣社員)	・ユーザー向けの資料作成能力（PowerPoint） ・迅速な売り上げ資料作成 ・訪問アポイントにつながる電話応対 ・社内の新商品アイデアコンテストで入賞
失敗・反省点	新しい業務に気を取られ、ミスが増えた	対応者によりサービスの差ができる	販促ツール作成で時間がかかる
習得したスキル・資格	Word（文書作成） Excel（顧客管理などの書類作成） PowerPoint（顧客向け提案資料作成） AFP資格 生命保険募集人資格 生命保険変額保険販売資格試験合格	マイクロソフト オフィス スペシャリスト マスター	売り上げ管理のため簿記3級取得（簿記2級取得に向けて勉強中）
不満だったこと（転職理由含む）	労働時間が長い	電話の対応	営業サポートだけでは物足りなさを感じる
やりがいを感じたこと	顧客に適した商品を提案し喜ばれることで、頼りにされていると実感したこと 売り上げ目標を達成したこと	顧客から感謝の言葉をもらったこと 顧客満足度が前年対比で伸びたこと	資料がわかりやすいと上司からほめられたこと サポートを行うことで営業成績が伸びたこと
今後かなえたいこと	営業も好きだが、経験したことがない事務職に就きたい	営業をサポートする仕事に就きたい	営業や営業事務経験を生かして売り上げを伸ばせる商品企画や開発に携わりたい

図1-7　キャリアの棚卸し　ステップ3

今後のキャリアの方向性を考える

「やりがい」「今後かなえたいこと」「発揮できる強み」は、ステップ2の中の項目からピックアップする
例：企画営業職の場合

やりがいを感じること	今後かなえたいこと	関連する職種（職務）	発揮できる強み
顧客に適した商品を提案すること 顧客満足度を高めて喜ばれること 売り上げ目標を達成したこと	商品企画（開発）に携わりたい 企画から携わり売り上げに貢献したい	商品企画（商品開発） 企画から携われる営業職	商品提案力 営業職（生命保険）で培った商品提案力 顧客のニーズをつかめる 顧客が求めていることを的確につかむ能力 売り上げにつながる資料を作成できる 顧客向け販促資料の作成実績

フィードバックされたものが残っている人は、参考にするとまとめやすいでしょう。この項目に該当する要素を深掘りするために、キャリアの棚卸しをするのですから、これらの項目を記載しなければ意味がありません。

「発揮した強み」のなかには、ポータブルスキルが含まれるはずです。**「やりがいを感じたこと」「今後かなえたいこと」は、転職する際の条件になります。**

「キャリアの棚卸し」のコツ

キャリアの棚卸しを行うことで、これまであなたがどのように歩んできたかを再確認し、自分の長所や短所、得意とすること、やりたいことを把握できそうでしょうか？　なかなか手間がかかる作業です

図1-8　キャリアの棚卸し　ステップ4

応募企業とのマッチングを考える

求人情報から応募企業が求めるスキル・経験と、ステップ2・3で書き出した自分の生かせるスキル・経験を対応させる
例：企画営業職の場合

求められているスキル・経験	発揮できるスキル・経験
なんらかの営業経験	目標達成能力 ・生命保険営業として売り上げ目標を達成（110%） ・顧客のニーズをくみ取る ・営業事務で顧客にわかりやすい販促資料作成
コミュニケーション能力	相手の気持ちを的確につかみ、対応できる ・営業経験、カスタマーサクセス経験 ・カスタマーサクセスでは年代問わずわかりやすい説明を行い、顧客満足度を前年対比5%アップ
商品を企画した経験があればなお可	商品提案力 ・商品企画の経験はないが、生命保険で顧客が欲しいと考える商品を提案 ・社内の新商品アイデアコンテストで入賞

し、難しいと感じるかもしれません。

棚卸しを行うなかでは、「先輩社員のサポートが主だったので、成果とか実績と言われても……」といったように、キャリアが浅くて書き出すことがない、という悩みをしばしば聞きます。そんなときには、**「誰かからほめられたこと」「評価されたこと」「好きなこと」「やりがいを感じること」などをひたすら思い出してください。**

強みを見つけるなら……

「作成した営業資料が読みやすいとほめられた」

「電話対応が丁寧だと、お客さまからほめられた」

「自分が作った資料が、テンプレートとして採用された」

「この仕事はあなたに頼みたい、と指名された」

「自分の取り組みが『よい事例』として社内で共有された」


好き・やりがいを見つけるなら……


「□□の仕事を任されてうれしかった」

「□□の仕事をやっていると、時間を忘れるくらい没頭できる」

「□□の研修がおもしろかった。もっと受けたいと思った」

「□□をもっと頑張りたいと目標ができた」

「□□先輩みたいになりたいと思った」

「どうせ働かなきゃいけないなら、ずっとこの仕事がいい」

「毎週火曜日は気が楽。□□の仕事をずっとやっていられるから」


このように、なんでもよいのです。思い出すことができたら「その理由」、たとえば営業資料作成の場合は読みやすいのはどういうことを心がけたからなのか、そのためにどんな努力をしたのか、ほめられたことを次に生かすことができたかなどを掘り下げていけば、それは立派なキャリアの棚卸しになります。

「棚卸しをしてみたけれども、なにが自分の強みなのかわからなかった」という人もいるでしょう。ここで**重要なのは、具体性と分析です。**

前述の「作成した営業資料が読みやすいとほめられた」ケースを例にしてみましょう。「ほめられた」ことだけを記して、「以上！」では、強みがわからないのは当たり前。**なぜ「読みやすい」と言われたのかをできるだけ具体的に思い起こし、分析してみることが大切です。**読む人の立場になって考えたからなのか、極力ムダを省いて重要な点にしぼったからなのか、あるいは、重要な点を上手に強調したからなのか……。これらの点がよかったのなら、それはコミュニケーションスキルの根幹である「発信力」の高さといえるかもしれません。

文書の作りかたがよかったということも考えられます。フォントや色を効果的に選び、見やすく整理された文書だったということであれば、ＷｏｒｄやＰｏｗｅｒＰｏｉｎｔなどのアプリケーションの使いかたが、強みとなっているかもしれません。

漠然と自分の強みや、やりたいことを考えても、なかなか思い浮かばないものです。当たり前にできていることが自分の強みであれば、なおさらです。**キャリアの棚卸しは、自己分析を行うための手法の1つであることを意識して、これまでの職務経験を振り返ってみてください。**あなたが **「なにができるのか」「やりがいはなにか」「なにをかなえたいのか」** を整理することができるはずです。

どうしても「好き」や「強み」が見つからない場合は、「嫌じゃない部分」「上司から指摘されない部分」に目を向けてみてはいかがでしょうか。

たとえば、「今の営業の仕事は嫌だ」と思っていたとします。その場合は「テレアポが嫌」「数字に追われるのがきつい」「契約書など事務作業は苦手」など嫌な部分とともに、「お客さんと話すのは嫌いじゃない」「チームで一丸となって頑張る職場の雰囲気は悪くない」など、嫌じゃない部分も見つめるのです。

1日の業務のなかで「やりたくないもの順」に順位をつけていき、最後に残った3つを「比較的向いている」と考え、そこを中心に今後のキャリアを考えていけば、比較的「嫌」が少ないキャリアにしていけるかもしれません。

よかったことも悪かったことも、これまでの経験はあなたにとってかけがえのない財産です。その財産のなかから、あなた自身のエッセンスを抽出すれば、今後のキャリアにつなげることができるでしょう。

第2章

「転職の軸」のこと
「転職先に求めるもの」を知る

Chapter 2

「転職の軸」とはなにか？

「転職の軸」とは、文字通り、転職活動をするうえで軸となる考えかたです。すなわち**「転職活動で大切にしていること」「仕事を選ぶうえで重視していること」**であり、**転職先に対して「これだけは譲れない」と考える条件**を指します。

転職の軸は、一度決めたら変更してはいけないというものではありません。さまざまな企業を知るなかで変化させていったほうが、自分の求める条件に合う企業と出合える可能性が広がります。

最初に、転職の軸を柔軟に考えたほうがよいということがよくわかるエピソードを見てみましょう。

「転職の軸」を変化させることで新たな道が開かれる

大木さんは、新卒で入社したコールセンターでオペレーターとして3年間働いていましたが、今よりも高い年収や待遇、対面で人と話ができる仕事を求めて、営業職への転職を考えていました。しかし企業向けの提案経験がないために、思うように面接の結果が出ず、転職活動は難航しました。「たしかにサポート対応が中心で、人と話すことは得意だし、オペレーターの業務のなかで小さな提案はしてきたつもりなんだけど……。どうすれば営業職に転職できるんだろう」と悩む日々が続きました。

そんなとき、ITサービスを提供しているA社を受けた際に、面接官から意外な話がありました。「最初から営業ではなく、カスタマーサクセスとして入社し、ゆくゆくは営業になるのはどうですか？」と提案してくれたのです。

「営業職＝外勤営業」のイメージしかもっていなかった大木さんは、この出来事がターニングポイントとなり、自己のスキルを生かしやすい内勤営業やカスタマーサクセスといった職種にも目を向け、転職の条件を柔軟に変えることにしたのです。

実際に求人情報を見てみると、内勤営業でもインセンティブの金額がかなり大きな会社や、通常の営業を経験したあとにフルリモート勤務で内勤営業として働ける会社など、給与や働きかたにもいろいろなパターンがあり、選択肢が一気に広がりました。

何社か選考が進んだ会社がありましたが、さまざまな営業手法の経験を積んでみたいという気持ちがあったことと、待遇面が自分の希望する内容よりもよかったため、最初に声をかけてくれたA社へ入社することにしました。現在、大木さんはA社でカスタマーサクセスの内勤営業職として活躍しながら、将来の外勤営業への道を切り開いています。

＊

この事例から、**転職の軸を変化させていくことで自分のキャリアの可能性が広がる**ということを、ご理解いただけたのではないでしょうか。

では、このような成功体験を得るためには、どのように転職の軸を捉えてどう変化させていけばよいのか、順を追って見ていきましょう。

「転職の軸」をつくるメリット

転職の軸をつくることで、自分が転職になにを求めているか、この先、どう仕事をしていきたいか、転職先へどのようにアピールするべきなのかが見えてきます。

転職の軸の具体的なメリットは、次の3つです。

①転職先を選ぶ基準になる

転職活動中は、少なからず心が揺れるものです。たとえば、さまざまな求人を見ているうちに、「この仕事もいいな」「こんな働きかたもできるのか」と世界が広がり、あれもこれも魅力的に見えてくるのはありがちなことです。

この先のキャリアを左右する重要な選択ですから、これは無理もありません。けれども、**企業が提示する条件にいつまでも目移りしていては、あなたが本当に求めている転職先は見つけにくくなります。**

転職の軸が明確に定まっていれば、転職の軸に合った企業をしぼり込むことができます

し、条件を比較しながら本来の転職目的に合う企業を選ぶことができます。ブレない転職活動を効率よく進めるために、転職の軸はとても役立つものなのです。

②転職先への自己PRがしやすくなる

転職の軸をつくることは、応募書類作成や面接対策にも有効です。転職の軸自体が「志望動機＝あなたの希望」を言語化したものですから、転職の軸をつくることは、履歴書や応募フォームに志望動機を書いたり、面接で話したりする際の準備になります。

具体的に転職の軸を定めて、**「なぜ転職をするのか」「転職によってなにを実現したいのか」「どのような働きかたをしたいのか」**が明確になっていれば、面接時などにも戸惑わず答えられるようになります。つまり、転職先への自己PRにも有用なわけです。

③転職後のミスマッチを防げる

転職したものの、「思っていたのと違う」「前職のほうがよかった」など、ミスマッチを後悔する事態は避けたいところです。**転職の軸をしっかり定めておけば、あなたが転職先と合うかどうか判断することは容易になるはずです。**転職後、仮に1つや2つギャップが生じたとしても、「転職でいちばんかなえたかった『長く働けそうな環境』は実現できたからOK」と、受け止めることもできるでしょう。

転職先にとっても、転職の軸が定まっている人材は、採用の可否を判断しやすいというメリットがあります。転職の軸を明確に伝えられれば、「この人はうちの会社に合っている」というように判断しやすく、応募者が抱くイメージと実際の仕事内容にずれを感じた場合、「このような仕事ですが、大丈夫ですか？」と入社前にすり合わせができます。

また、「うちの会社には合わない」ということになったとしても、「ミスマッチを未然に防ぐことができた」と考えれば、それはポジティブな結果といえるのではないでしょうか。

転職活動において、後悔や早期退職につながりがちなミスマッチは最大の悲劇なのです。

＊

さて、転職の軸について大まかに理解することができたでしょうか？　**なぜ転職活動をはじめたのかを整理し、諸条件のなかからあなたが譲れない条件を選んで、できるだけ具体的に深掘りする――さらに転職後のキャリアプランまで描くことができれば、転職の軸**

をよりしっかりしたものにできるのです。

まずは自由に自分の希望を洗い出してみよう

第1章では「自分を知る」ことについてふれましたが、**次なるステップは、「転職先に求めるもの」を知ること。**言い換えれば、**自分の希望を知ること**です。

仕事の内容、給与、勤務場所、休日や残業、職場の雰囲気……。自分にとって最も重要なことはなにか、あなたはパッと答えることができますか？　あまり難しく考えずに、まずは変えたい状況や条件などを自由に洗い出してみるとよいと思います。

- **自分のアイデアを生かせる業務をしたい**
- **ノルマがある働きかたはしたくない**
- **できれば週の半分は定時で帰りたい**
- **今より年収を100万円アップさせたい**

このように、思いつくすべての条件を書き出してみます。転職活動初期の段階では、複数あってもいいでしょう。事例として挙げた大木さんの場合、最初の段階では、次のように、現状のうち自分が変えたい条件を重視して転職の軸にしていました。

①対面の営業職
②年収アップ
③土日休み

「転職の軸」は転職活動中に変化する

なにを重視するかによって、転職の軸はまったく違ったものになります。あらゆる条件がすべてかなう完璧な会社はほとんど存在しないからです。

転職先に高い給与を求めれば、ハードな働きかたや高いパフォーマンスを求められる傾向が強く、「残業はしなくていいですよ」という代わりに、年収が多少下がることを受け入れざるをえないかもしれません。残業はある程度やむをえないものの、有給は取りやすいという会社もあるでしょう。**ほかの条件がすべて満たされているなら、残業については妥協するのも選択のひとつです。**

年収をアップさせたいという方は多いと思いますが、年収を優先しすぎてしまうことで、マッチングがうまくいかないケースもあります。経験のない職種の求人ばかりに応募して、書類選考すら通過できないことから、ようやく企業が求める条件と自分の経験が合っていないことに気づくこともあるでしょう。

実際に転職の軸を定めていくと、ある条件を求めれば、ある条件はあきらめなければならない——つまり、「両立しない条件」があることに気がつくと思います。その意味で転職の軸とは、**「理想と現実の折り合いをつけるための基準」**といえるかもしれません。

転職活動中に、自分の強みが見えてくることもあります。たとえば、企画職を軸に転職先を探していたけれども、面接の際に複数の企業から、企画力よりも「高いリサーチ力」をほめられることが多かったのでマーケティング職を探すことにしたなど、人から言われたり面接官の反応で知ったりする強みもあるのです。

対面の営業職を希望していた大木さんの場合も、面接官からのひとことで「内勤営業やカスタマーサクセスといった非対面の営業職からはじめる」という選択肢があることに気づいています。この部分の転職の軸を少しずらしたことで、希望の待遇と年収アップをかなえることができました。

転職の軸にこだわりすぎると、本当の意味で自分と合う会社や仕事との出合いを逃す可能性もあります。大木さんの事例のように、**転職活動のなかで、自分の強みに気づいて可能性を広げられるよう、転職の軸は柔軟に変化させていくことをおすすめします。**

現状のなにを変えたいのかが大事

一方、条件に関する希望を漠然と抱いたまま転職活動に入ると、転職先を選ぼうとしても狙いが定まらず、採用面接で「現状のなにを変えたいのか」を伝えられない、あるいは転職後に「こんなはずではなかった」と後悔することになりがちです。

「収入に不満があったから、給料の高い会社がいいかも。でも、残業が多そう……」

「やっぱり、残業は少ない会社にしよう！」
「残業が多少あっても、休日が充実するならいいか……」
「職種を変えて、新しい経験ができるのも魅力だし。悩む……」

このように、転職活動に対する軸が定まっていないと、はじめは「収入の不満を払拭したい」と転職を決意したにもかかわらず、最終的に「新しい仕事」に目移りし、給料やプライベート時間の確保という「生活の維持」に関わる部分が抜け落ちてしまい、転職後、また同じ不満が出てきて転職をくり返す……という負のスパイラルに入ってしまうことになりかねません。

転職先の候補をなんとなくしぼることができたとしても、採用面接官の次のようなひとことで答えに詰まったり、説得力のない回答をしてしまったりするものです。

「当社を選んだ理由を聞かせてください。入社後にどんなことを実現したいですか？」

転職活動をスムーズに行い、満足できる企業に転職するために必要なのは、「自分の希

望を明確にする」ことです。ここから、「なぜ転職したいのか」「現状のなにを変えたいのか」を明らかにして整理するために役立つ転職の軸のつくりかたを中心に解説していきましょう。

「転職の軸」で自分の希望を整理する

第1章で紹介した**キャリアの棚卸しは、転職活動に生かすことができる「あなたの強み」、つまり「あなたが転職先に提供できるもの」を把握する方法です。**これに対して**転職の軸は、「あなたが転職先に求めるもの」を明確にするための考えかたです。**

転職先に求める条件のうち、どれを優先するかの優先順位をつけることが、転職の軸をつくる際のポイントです。具体的に例を挙げて説明しましょう。

①給与、スキルアップを軸とした例

◎給与：年収500万円以上

◎仕事の内容：デジタル化を企業へ提案し、促進する業務

○ワーク・ライフバランス：月40時間程度までなら残業ＯＫ
○社風：エネルギッシュな雰囲気
○職種：営業経験を生かせて、さらにスキルアップが可能な職種
○通勤時間：短いほうがよい

② ワーク・ライフバランス、職種、仕事の内容を軸とした例

◎ワーク・ライフバランス：残業は月20時間以内。完全週休2日制（土日休み）
◎職種：事務職
◎仕事の内容：自分のＰＣスキルが生かせる業務
○給与：できれば現状維持（月2〜3万円、年収で30万円程度ならダウンしてもＯＫ）
○福利厚生：必要なときに年次有給休暇を使える環境、住宅手当

必ず実現したい条件：◎
できれば実現したい条件：○

①は、ワーク・ライフバランスを多少犠牲にしても、給与や仕事の内容を重視した例です。これに対して②は、年収が少なくなっても、プライベートを充実させるためにワーク・ライフバランスを求めた例といえるでしょう。

転職の軸は、1本である必要はありません。例に挙げた条件以外では、たとえば「従業員が若く、昇進の可能性が高い」「やりがいの感じられる仕事」「社会貢献できる仕事」「週3日のリモートワーク」「出産・育児休暇の充実」など、人によってさまざまでしょう。とはいえ、多すぎては意味がありませんから、ある程度しぼります。

転職の軸をつくる際、最初は「収入を増やしたい」というような漠然とした設定でもかまいませんが、最終的には「年収500万円以上」というふうに、できるだけ具体的（年収の場合は希望する金額）に考えてください。

Chapter 2

「転職先に求める条件」をどう捉えるか

生活を維持するための最低限の条件と、自己実現のための条件

転職の軸の具体的なつくりかたを説明する前に、転職の軸になるさまざまな条件について確認しておきましょう。

ここでは、転職の軸の条件を次の5つのカテゴリー別に紹介します。

①仕事の内容
②給与・昇給
③労働時間と休日・福利厚生
④会社組織・社風
⑤勤務地

どの条件を重視するかは、人によってさまざまです。自分のやりたいことを重視したい人もいれば、休日や福利厚生が大事と考える人もいるでしょう。これらの条件を個別に検討する前に、押さえておいてほしい重要なポイントがあります。それは、**「生活を維持するための最低限の条件」と「自己実現のための条件」は分けて考えたほうがよい**ということです。

アメリカの心理学者アブラハム・マズローは、「欲求5段階説（自己実現理論、欲求階層説）」を提唱しました。彼は、人間の欲求を5つに分類し、図2－1に示したピラミッド階層の下から上へ、「生理的欲求」から最上位の「自己実現欲求」へと欲求の充足が進む、つまり、生理的欲求が満たされてはじめて次の階層の欲求へと進み、「さらに成長したい」（成長・自己実現）と求めるようになるのは、最終段階と考えました。

この考えかたを転職先に求める条件に当てはめると、まず、「十分に食べていけること」「健康や安全が脅かされない生活ができるだけの収入・仕事環境」「十分な休息を取れること」などを満たす条件を考え、そのあとに「社会から必要とされたい」「周囲に認められたい」「自分の能力を生かして成長したい」などの願いを実現する条件を検討したほ

図2-1　マズローの欲求5段階説を転職で考えると？

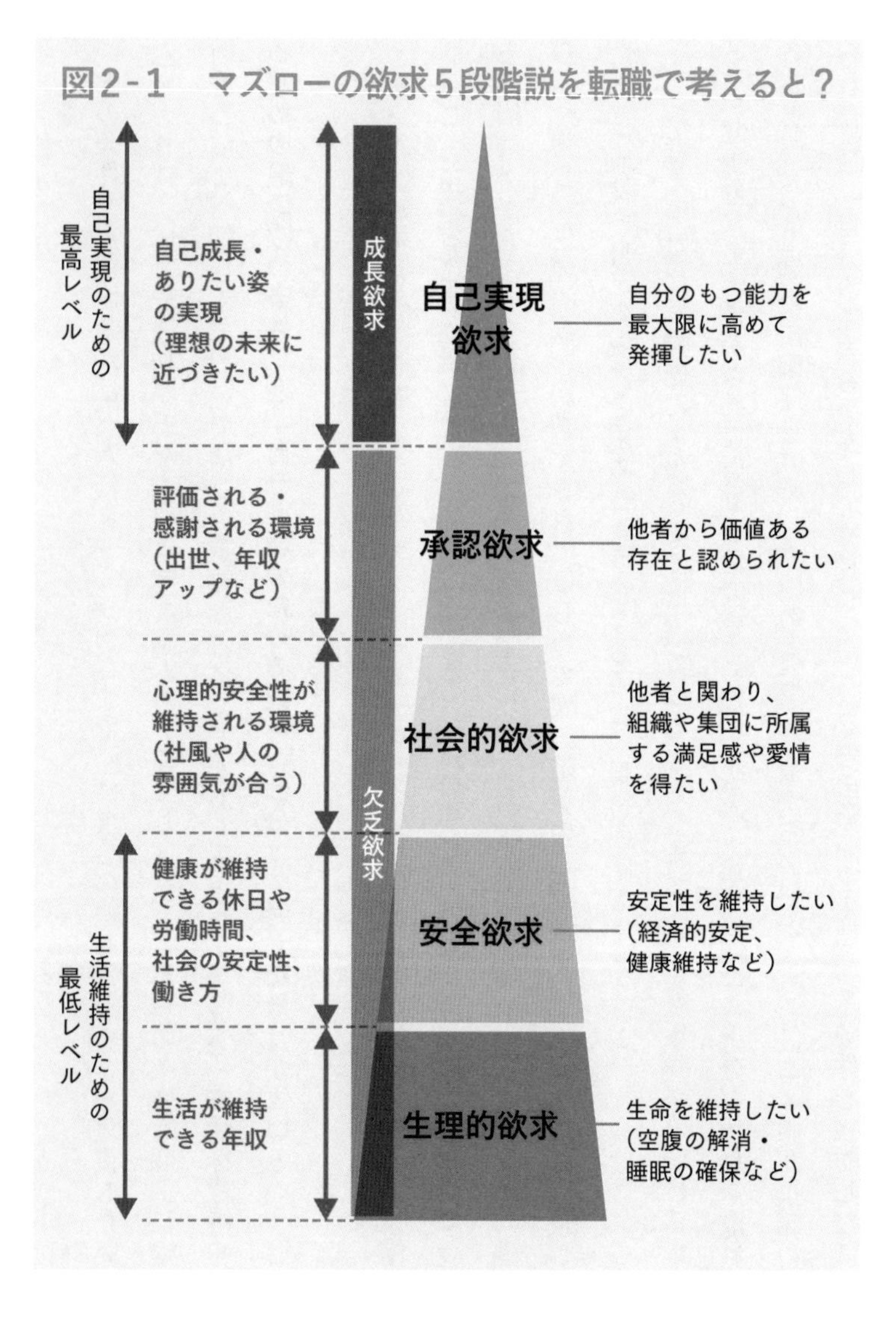

うがよい、ということになります。

たしかに、生活が破綻するかもしれない状況で、「自分の能力を生かして成長したい」という希望にかなう条件を考えるのは無理があります。「生活を維持するための最低限の条件」と「自己実現のための条件」は分けて考えたほうがよいということを念頭に置いて、先の5つのカテゴリーについて見ていきましょう。

「仕事の内容」に関わる条件

あなたがなにを望むのかにもよりますが、「仕事の内容」に関わる条件としては、次のような要素が考えられます。

- **業種や職種、職務内容**
- **キャリアアップできるか**
- **経験や強みを生かせるか**
- **成長につながる経験ができるか**
- **得意分野や好きなことに携われるか**
- **やりがいがあるか**
- **人や社会に役立つことができるか　など**

・業種や職種、職務内容

これまでと同じ業種や職種だけが選択肢ではありません。これまでとは違う業種や職種に転職する人が決して少なくないことは前述した通りですが、**職務内容が自分のスキルや経験に合っているか、やりがいを感じる仕事ができるかどうかも、重要な要素です。**

・対応する顧客の変化

仕事が企業相手（toB）か個人相手（toC）かは、向き不向きがあります。個人相手の場合、目の前の相手の課題を解決できるため、「役に立てた」という手ごたえを得やすい部分もある半面、会社という囲いのないストレートな要望に対応することになるので、時には対処の難しいリクエストが出ることもあります。

企業相手の場合は、規模の大きい仕事ができる、比較的カレンダー通りのスケジュールにしやすいなどのよさもありますが、エンドユーザーの喜ぶ顔が見えないと、やりがいを感じられなくなる人もいます。

「給与・昇給」に関わる条件

仕事に対する報酬である収入は、転職理由のなかでも特に重視されている条件で、この要素を抜きにして転職を考えるわけにはいきません。次のような要素が考えられます。

- **収入（基本給、賞与、時間外手当、役職手当などの諸手当）**
- **インセンティブ制度**
- **昇給制度**
- **人事評価制度（成果主義型、年功序列型）など**

・収入

まず、最低限あなた自身や家族の生活を維持するだけの収入が得られることが必要です。**現在の収入のなかで賞与や手当が占める額も確認して、条件を比較してください。**月給が同程度の勤務先を選んだつもりでも、手当や賞与の有無、額の多寡でガクンと年収ダウンになってしまうケースもあります。

・収入に関するよくある誤解や盲点

求人情報に記載されている年収や月給の金額を手取り額と勘違いすると、転職したあとでたいへんなことになります。収入に関する希望条件は、税引き前の額面で考えてください。

また、盲点になりがちなのが昇給制度です。昇給制度も含めて希望条件を考えるようにしましょう。

「労働時間や休日、福利厚生」に関わる条件

ワーク・ライフバランスに大きく関わる条件です。現在だけではなく、将来のライフステージの変化を考慮することが大切です。次のような要素が考えられます。

- 勤務時間（固定制、シフト制、フレックスタイム制、時短勤務など）
- 休日（週休2日制、完全週休2日制、シフト制、土日休みが可能かどうかなど）
- 有給休暇（取得のしやすさ、年次有給休暇取得率など）
- 残業（残業の有無、平均残業時間など）
- 産前産後休暇制度、育児休暇制度、介護休暇制度の有無、制度利用実績
- 各種手当（通勤手当、住宅手当、資格取得手当、家族手当など）
- 退職金制度
- 企業型確定拠出年金　など

・勤務時間

特に異業種転職を念頭に置いている場合などは、シフト制による夜勤や早朝出勤、生活サイクルの大幅な変化を伴う転職ではないか、事前に念入りにチェックしましょう。

将来的に家庭をもつ計画がある人にとって、フレックスタイム制や時差出勤の有無は大事な要素になります。たとえば、保育園への子どもの送り迎えだけを考えても、出退勤時

間に影響が出るのは必至だからです。

・休日の曜日

将来、家庭をもつ計画がある人にとって、土日の休みはとても大切です。家族で過ごす時間をもてること、土日の子どもの預け先を探すのはたいへんであることなどを頭に入れて、希望条件を考えましょう。土日にしかできない趣味がある人なども同様です。

・子育て支援制度

妊娠から退職にいたる女性は、働く女性の約3割※といわれています。産休などの制度はあっても前例がない、育休を取れる雰囲気ではないことなどで、退職を余儀なくされる女性が多いことが指摘されています。**産前産後休暇や育児休暇などの子育て支援制度の実績を確認することが大切です。**

これは女性だけの問題ではありません。家庭をもつ計画がある人全員にとって重要な条件です。

※参考：厚生労働省「今後の仕事と育児・介護の両立支援に関する研究会（第8回）」（令和5年）

「会社や職場環境」に関わる条件

会社や職場環境に関わる条件として、次のような要素が考えられます。特に注意したい要素についても追記しました。

- ・会社の規模（資本金、売り上げ規模、営業利益、従業員数、事業エリアなど）
- ・経営の安定
- ・企業としての将来性
- ・社員の定着率
- ・年齢層（若手が多い、年齢層が高い）
- ・ジョブローテーション
- ・女性管理職登用制度や管理職の男女比率
- ・経営方針、社風
- ・副業の可否

・会社や組織の雰囲気　など

・会社の経営状況

ある程度の規模がある会社でも、経営状況が悪く倒産するケースがあります。

・会社の規模とやりがい

一概にはいえませんが、大きな企業は社内の分業や研修制度が整っている傾向があり安定性が高く、小さな企業は個人の業務範囲や裁量が比較的大きい傾向があります。

・職場環境は快適か

社風は人間関係とも密接に関わっており、合わないと、人生の長い時間を過ごす会社生活をずっと息苦しいまま、あるいは孤独を感じたまま過ごさなくてはいけなくなります。それにもかかわらず、希望条件としては二の次にされやすい要素なので、注意しておきたいところです。

「勤務地」に関わる条件

「勤務地」に関わる条件としては、次のような要素が考えられます。

- **通勤時間や通勤手段**
- **転勤の有無**
- **在宅勤務（リモートワーク、テレワーク）の可否　など**

・在宅勤務

在宅勤務が可能な仕事は決して多くはありませんが、子育てをしながら働くことや両親の介護（いずれも現在だけでなく将来も）を考えて、在宅勤務ができることを転職条件に加える人が増えています。

・通勤時間や転勤

通勤時間が負担やストレスになる人もいれば、家族や住居の関係で転勤を避けたい人もいるでしょう。「地域限定社員」など、正社員でありながら転勤なしで働ける制度を用意する会社も増えてきました。

＊

以上、転職の軸になるさまざまな条件について紹介しました。重視していなかった条件がキャリアを左右することもありますし、「絶対に譲れない」と思っていた条件が、じつはそれほど大事ではなかったと気がつくこともあります。**転職先で働くあなた自身、そして3年後、5年後、10年後の自分の生活を思い浮かべながら、転職の条件を検討してください。**

Chapter 2

「転職の軸」のつくりかた

「転職の軸」をつくるための基本的な手順

転職の軸を決めるためには、自己分析が不可欠です。

「自己分析？　キャリアの棚卸しでやったような……」

読者のみなさんはこう考えたかもしれませんね。そうです、**キャリアの棚卸しは自分の強みを見つけるためだけでなく、転職の軸をつくる際にも役立つのです。**

まず、これまでの仕事の経験やライフスタイルを振り返り、**仕事をするときに大切にし**

てきたことや自分の強みとともに、「なぜ転職したいと思ったのか」を書き出すことからはじめましょう。

① 転職したいと思った理由を洗い出す

キャリアの棚卸しが済んでいれば、あなたのこれまでのキャリアや携わってきた仕事を振り返るのは、そう難しいことではないはずです。キャリアシートを見ながら、いつ転職しようと思ったのか、それはなぜなのかを、できるだけ具体的に洗い出してください。思い出すだけでは曖昧になりがちですから、言葉にして書き出すことをおすすめします。

キャリアシートだけでは転職したいと思った理由を明確にできない場合などには、**「ライフラインチャート」**を書いてみるとよいでしょう（図2－2）。ライフラインチャートはキャリアに関する満足度を1本の線で描くもので、満足度の変化に影響のあった経験やエピソードを書き足すことによって、あなたにとってなにが好ましいことなのか、あるいは嫌なことなのかを認識する方法です。

図2-2　ライフラインチャートの例

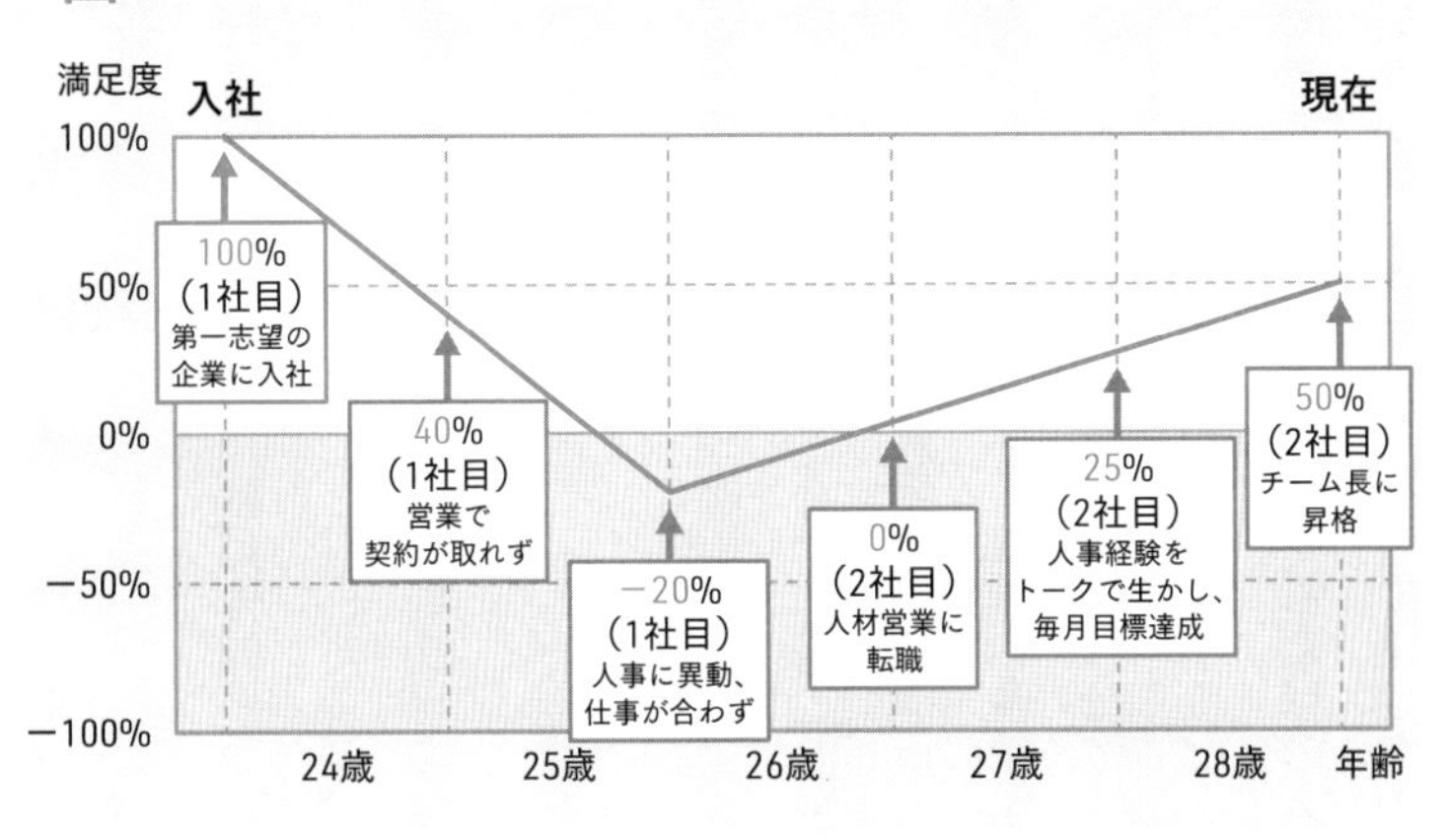

②　転職でかなえたい仕事を考える

これまでのキャリアを振り返って、転職したいと思った理由を洗い出していくと、いろいろな不満が浮き彫りになってくると思います。不満を解消したいあまり、転職すること自体が目的にならないように、転職したらかなえたい仕事の内容を考えてみましょう。

「これまではかなえられなかったこと」を中心に考えるのがポイントです。できる限り具体的に条件を深掘りしていくと、転職の軸が明確になります。

③　希望条件を書き出す

次に、希望条件を書き出しましょう。106ページに挙げた「転職の軸になるさまざな条件」が参考になると思います。だからといって、無理に条件すべてを埋める必要はありません。

希望条件は、できるだけ具体的かつ詳細に書き出すことがポイントです。たとえば、労働時間と休日に関することなら、「残業は少なく、休みが多いほうがよい」ではなく、「残業は月○時間まで。完全週休2日制希望。祝日も休みたい」というように、希望条件を明確にすることが大切です。

④ 希望する条件に優先順位をつける

希望条件を書き出したら、「必ず実現したい条件」と「できれば実現したい条件」に分類し、さらに、それぞれに優先順位をつけます。「必ず実現したい条件」のなかで優先順位が高いものが、あなたの転職の軸です。

この優先順位をつける作業が、転職の軸をつくるうえで最も難しいことかもしれません。あなたの価値観をしっかり認識する行為だからです。**どうしても順位をつけられないときは、希望する条件を獲得できるだけのスキルや経験が自分にあるのか（仕事の内容など）、その条件が満たされたら本当に満足できるのか、もう一度よく考えてください。**

また、結婚・育児・介護などのライフイベントによって、優先順位が変化してくること も考えに入れておくべきでしょう。ライフステージが変化したときに、仕事と生活の関係 がどうなっているのがあなたにとってよいのか考えることも、長い人生においては必要に なってくるのです。

＊

転職の軸は重要ですが、一度決めた転職の軸に固執しすぎるのは考えものだと私は思い ます。先に述べたように、さまざまな求人を見ていくうちに、また、面接での会話がヒン トになって、「やりたい仕事がはっきりわかる」「仕事に対する価値観や視野が広がる」と いうことがあるからです。

「必ず実現したい条件だと思っていたけれど、違ったかもしれない」ということもあるで しょう。転職活動をするなかで、適宜見直していくことをおすすめします。

Chapter 2

「5W1H」を使った「転職の軸」のつくりかた

「転職の軸」がつくれない人にすすめる「5W1H整理法」

自分のやりたいことがある程度はっきり見えている人は、前項で説明した転職の軸のつくりかたで転職の軸を定めることができると思いますが、そういう方はそれほど多くないような気もします。特に職務経験が浅いほど、「やりたいこと模索中」という方が多いのが実情なのです。

そこで、うまく転職の軸がつくれない、やりたいことがなかなか定まらないという人向けに、**「5W1H」を使った「転職の軸」のつくりかた**を紹介しましょう。

図2-3　保険の個人営業の5W1H・その1

Who	個人の顧客に
When	顧客の休憩時間に
Where	顧客の勤務先で
What	保険商品を
Why	顧客の人生をサポートするために
How	提案する

POINT! ▶ 5Wの順番は好きに入れ替えてもOK

5W1Hとは、**「Who＝誰に」「When＝いつ」「Where＝どこで」「What＝なにを」「Why＝なぜ」「How＝どうする」**のこと。この6つの観点で情報を整理すると物事が把握しやすいため、ビジネスシーンでも広く活用されています。

この整理法を転職の軸に応用するときは、あなたの強みを転職の軸として考えます。**「やりたいこと」はひとまず脇に置いて、「できること」を転職の軸にするやりかたです。**これまで経験してきた事象を軸にして転職先を探すため、マッチングしやすく、新しい仕事にチャレンジする場合にも、「できること」を軸にして選択肢を広げることができます。

ここで、5W1Hで転職の軸をまとめる方

図2-4　保険の個人営業の5W1H・その2

Who	個人の顧客に
When	顧客の休憩時間に
Where	顧客の勤務先で
What	保険商品を
Why	顧客の人生をサポートするために
How	提案する

個人のサポートに
やりがいを感じてるかも！

法を具体的に見ていきましょう。

①　これまでの仕事を５Ｗ１Ｈに当てはめる

まず、これまでのあなたの仕事を５Ｗ１Ｈに当てはめてみましょう（図２－３）。**仕事内容を分解し、転職活動でなにを変えたいのか、考えるためのステップです。**

②　変えたくない要素を決める

次に、５Ｗ１Ｈのなかから、変えたくない要素を選びます。図２－４では、「Ｗｈｏ＝個人の顧客に」と、「Ｗｈｙ＝顧客の人生をサポートするために」を変えたくない要素としています。

図2-5 「Where」を入れ替えると？

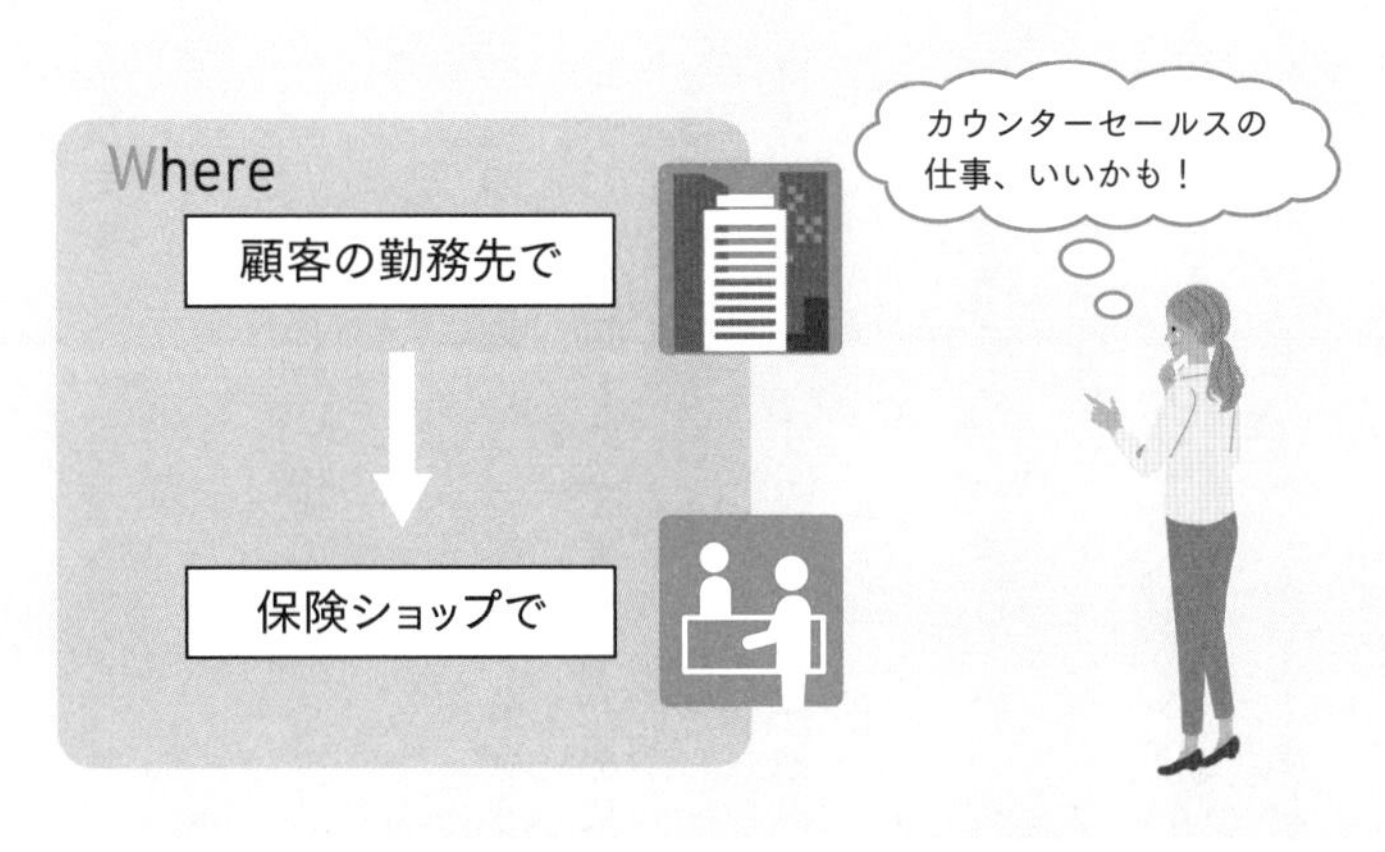

通常の転職の軸の考えかたでは、「必ず実現したい条件」が転職の軸となりますが、**5W1Hを使った転職の軸の考えかたでは、「新しい仕事でも生かせること」が転職の軸となります。**

③ 要素を入れ替えてみる

変えたくない要素以外を選んで入れ替え、違う仕事になるかどうか試してみましょう。

図2－5でいえば、Ｗｈｅｒｅを「顧客の勤務先（または顧客の自宅など）で」から「保険ショップで」に変えると、保険ショップのカウンターセールスの仕事が可能になりました。

この手順で、これまでの仕事とは違う仕事

でも5W1Hが成立するなら、あなたが変えたくない要素が、別の仕事でも生かせる転職の軸となります。

整理が難しい場合は3W1Hで考える

職種や仕事の内容によっては、5W1Hに当てはめるのが難しいことがあります。そのような場合は、**整理しやすくするために、「誰に」「どこで」「なにを」「どうする」の3W1Hにしぼるとよいでしょう。**

たとえば、営業アシスタントの仕事を3W1Hに当てはめてみましょう。「Who＝営業担当に」「Where＝社内で」「What＝営業活動を」「How＝サポートする」と、きれいに整理することができると思います。

「What＝営業活動を」を変えたくない要素として固定し、Whoを「営業担当に」から「企業に」に変えると、営業職の仕事が可能になります。そのほか、サービスを導入した企業に対して、導入後のサポート業務や提案を行う「カスタマーサクセス」や、求職者と企業の間を取り持ち、企業が求めている人材を把握したうえで求職者の面接対応やスキル調査、カウンセリングなどを行う「人材コーディネーター」などの仕事も見えてきます。
この章の冒頭に紹介した大木さんの仕事を3W1Hに当てはめてみると、次のようになります。

現状

「Who＝ユーザーに」
「Where＝社内で」
「What＝サービスを」
「How＝サポートする」

▼

変えたいもの

「Who＝企業に」
「Where＝対面で」
「What＝サービスを」
「How＝提供する」

転職の軸を定めるのが難しいと感じている人は、5W1Hまたは3W1Hで仕事の内容を分解して整理し、転職することでなにを変えたいのかを考えてみましょう。

Chapter 2

転職の選択肢を広げる「軸ずらし転職」

いくつかの軸のうち、1つか2つをずらす

転職の軸は、あなたの転職活動を支える重要なものですが、それに縛られてしまっては本末転倒です。これまでのキャリアを振り返って転職の軸を設定してみたものの、なにかしっくりこない、もっと転職の選択肢を増やして自分の可能性を広げて転職活動を行いたい、あるいは転職の軸を定めたものの、転職活動に行き詰まってしまった――このような場合に活用していただきたいのが**「軸ずらし転職」**です。

基本となるのは、3W1Hを使った転職の軸の考えかたです。具体的には、**設定した転職の軸のうち、1つか2つをずらすことによって、転職の選択肢を広げていきます。**例を

図2-6　これまでの仕事内容を整理する

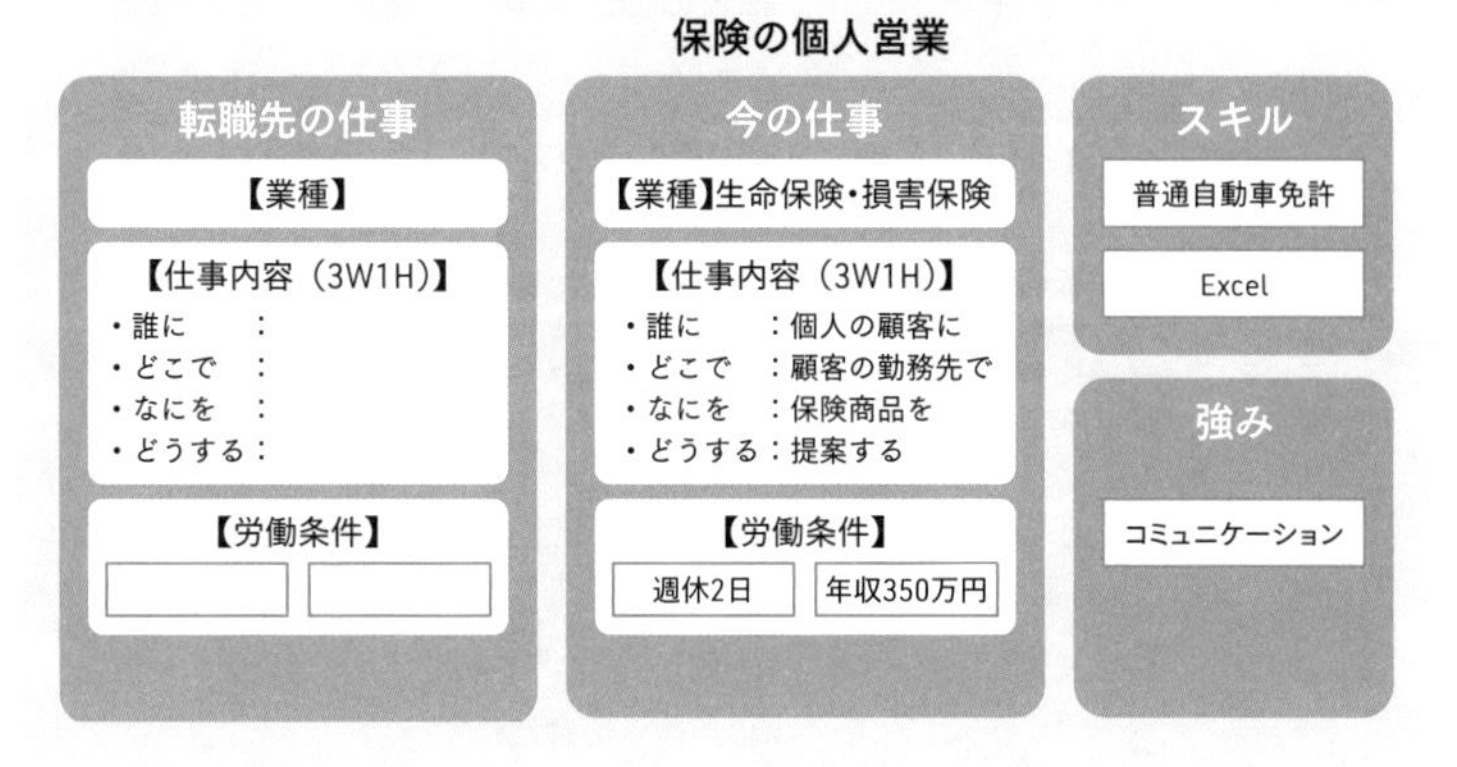

挙げてみましょう。

①これまでの仕事内容を３Ｗ１Ｈに当てはめる

最初に、これまで経験してきた仕事内容を３Ｗ１Ｈに当てはめ、習得しているスキルや強みもワークシートなどに書き込みます。次図２－６では、生命保険の個人向け営業を現在の仕事として設定しました。

②希望条件を書き入れる

次に、希望条件を３Ｗ１Ｈに当てはまるように書き入れます。

図２－７は、これまでと職種は変えずに、同じ仕事内容でよりよい労働条件が実現でき

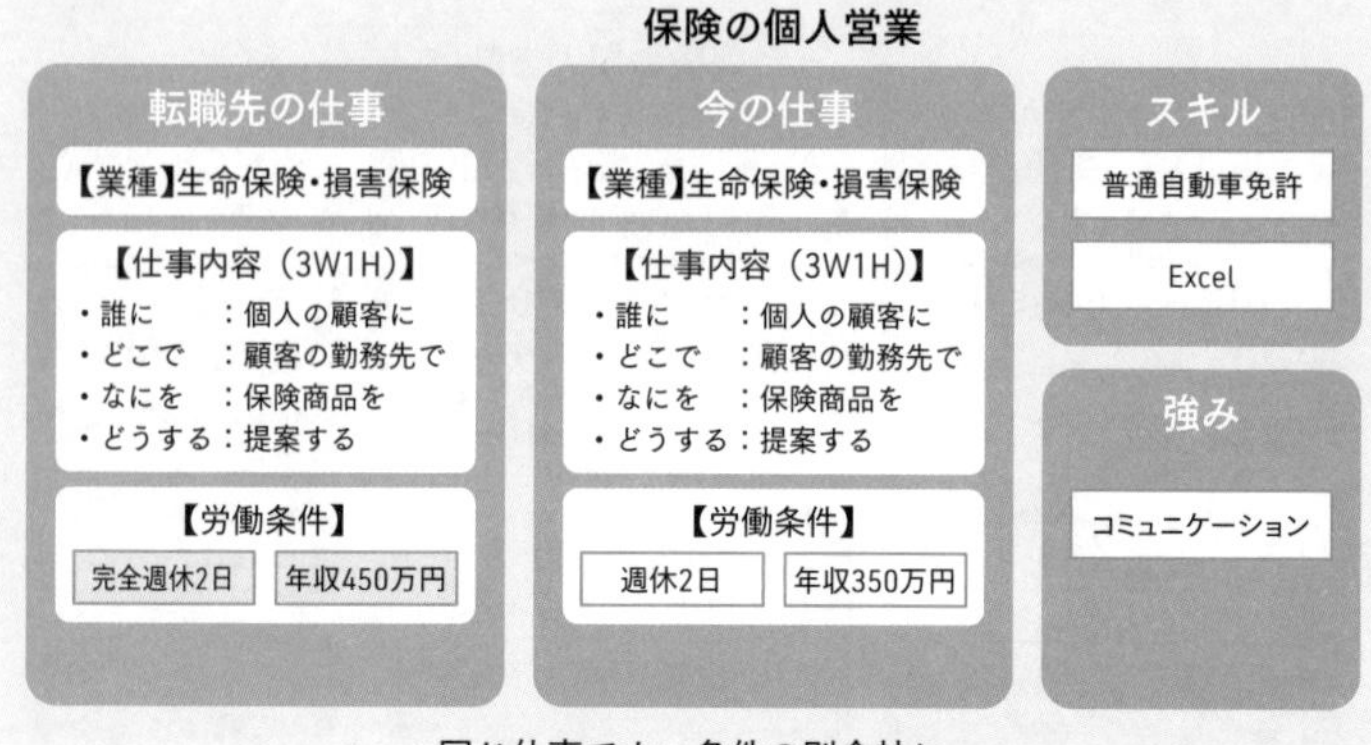

る職場への転職を目指す一般的なパターンです。

さらに図2－8では、「誰に」「どこで」「どうする」は変えず「なにを」を「保険商品」から「資産設計」にずらして、取り扱うサービスを変える転職を想定しています。このように、いくつかの転職の軸を固定し、ある軸だけをずらすことによって、転職の選択肢と働きかたの可能性は大きく広がります。

図2－9のように、**「誰に」の軸をずらした場合、働きかける対象が変わります。**個人営業から法人営業へ職種が変化することがあるでしょう。また、**「どこで」の軸をずらした場合、仕事をする場所が変わります。**社外

図2-8　「なにを」を変えると？

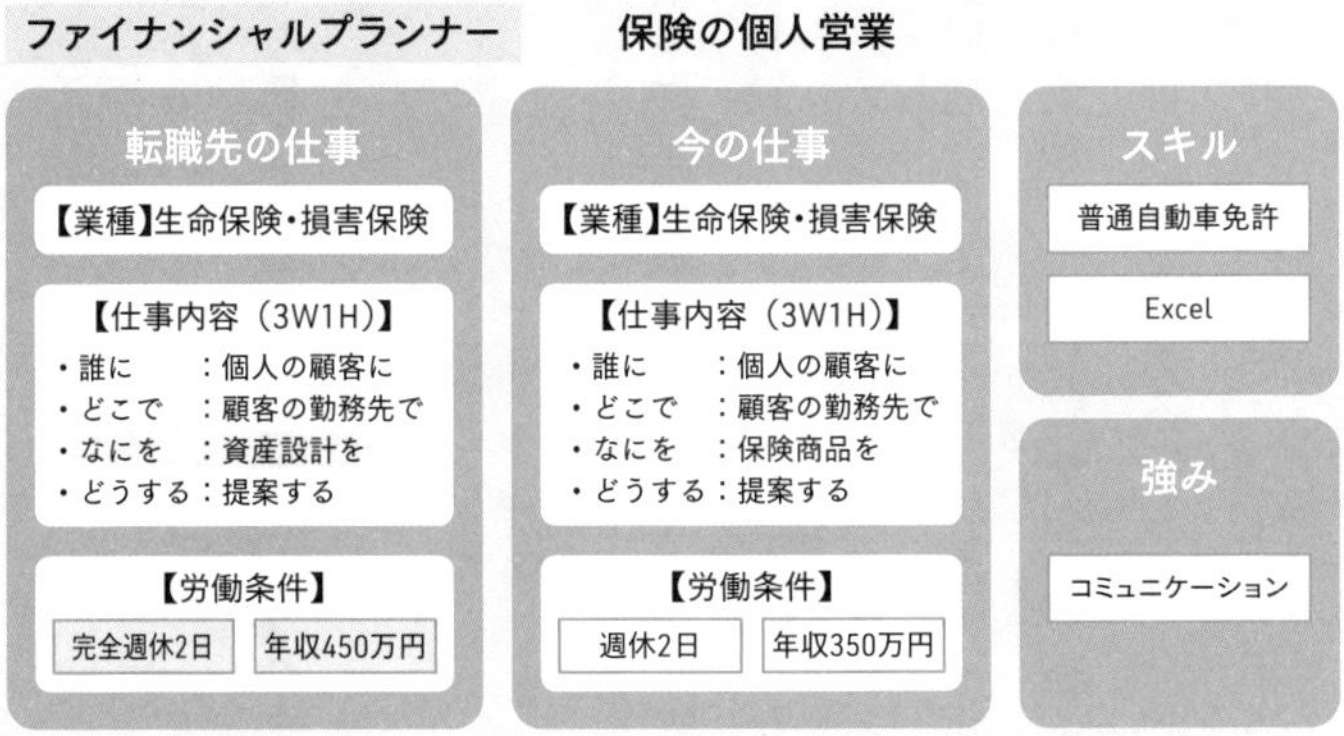

ファイナンシャルプランナー
保険の個人営業
転職先の仕事
【業種】生命保険・損害保険
【仕事内容（3W1H）】
・誰に　：個人の顧客に
・どこで　：顧客の勤務先で
・なにを　：資産設計を
・どうする：提案する
【労働条件】
完全週休2日
年収450万円
今の仕事
【業種】生命保険・損害保険
【仕事内容（3W1H）】
・誰に　：個人の顧客に
・どこで　：顧客の勤務先で
・なにを　：保険商品を
・どうする：提案する
【労働条件】
週休2日
年収350万円
スキル
普通自動車免許
Excel
強み
コミュニケーション

取り扱うサービスをチェンジ（業種チェンジは副次的に発生する可能性）

図2-9　3W1Hを変えると？

ITエンジニア
保険の個人営業
転職先の仕事
【業種】インターネット関連
【仕事内容（3W1H）】
・誰に　：顧客(企業)に
・どこで　：自社で
・なにを　：業務システムを
・どうする：開発する
【労働条件】
完全週休2日
年収450万円
今の仕事
【業種】生命保険・損害保険
【仕事内容（3W1H）】
・誰に　：個人の顧客に
・どこで　：顧客の勤務先で
・なにを　：保険商品を
・どうする：提案する
【労働条件】
週休2日
年収350万円
スキル
普通自動車免許
Excel
強み
コミュニケーション

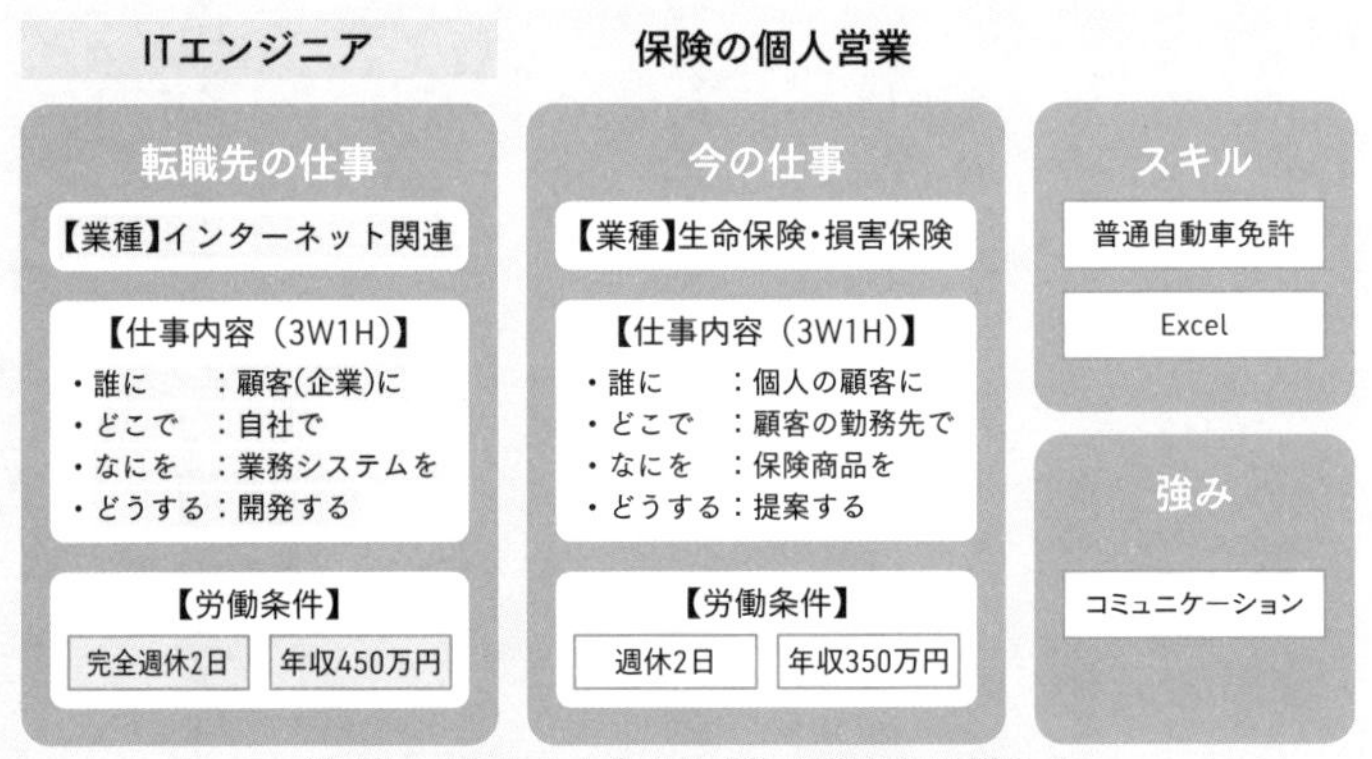

（入社できるかわからないが）労働条件を満たす
まったく違う業界を志望することも可能ではある

での対面業務からインターネットや電話対応、社内での対面業務（店舗対応）が選択肢になるでしょう。その結果、保険ショップ、コールセンター、チャット対応などを行う職種が転職の選択肢に挙がってきます。さらに、**「なにを」の軸をずらした場合、これまでとはかなり異なる職種も選択肢となります。**

＊

労働条件を転職の軸に据えて、3W1Hのうちの複数の軸を変更すると、大胆な転職ビジョンを設定することもできます。たとえば、「誰に」「どこで」「なにを」「どうする」を大きく変え、休みは完全週休2日制とより好条件に、給与は年収450万円以上を維持して、未経験のITエンジニアにチャレンジしたいという選択も考えられます。

未経験業種や未経験職種への転職には高度なスキルが求められることもありますし、転職活動には高い壁があるでしょう。けれども、よく調べてみると、すべての募集が経験者対象ではなく、研修メニューを充実させ、未経験者にも門戸を開いている企業や求人が見つかるケースもあるのです。

軸ずらし転職のポイントは、優先順位の高い転職の軸は固定して、譲ってもよい軸をずらすことです。これだけで、転職の選択肢は大きく広がります。

Chapter 2

「軸ずらし転職」の成功事例

「軸ずらし転職」で異業種・異職種に転職

前項で紹介した軸ずらし転職について具体的に理解していただくために、『マイナビ転職』が蓄積している転職例のなかから転職成功事例を見てみましょう。事例を見ると、前職の経験を生かした人から、まったく新しい業種に転職した人まで、軸ずらしのしかたは、じつにさまざまです。

なお、紹介した事例はインタビューをもとに再構成したものです。

①販売アドバイザーの経験を生かして販売促進の仕事に転職

田中さんはアパレル関係の店舗スタッフでした。販売アドバイザーの経験を生かして転職することを決め、自分が利用していた雑貨の小売業に転職。SNSを使った販促やキャンペーンなどに関わっていたこともあり、もっと販売促進に関わりたいという思いにつながったようです。

「今までは自分の仕事が給与に直結している感覚がなかったのですが、自分のアイデアで商品が売れている充実感があります」

◎販売・販売アドバイザー・売り場担当▼販促企画・営業企画

②フィットネスクラブのインストラクターから、マーケターに転職

佐藤さんは、フィットネスクラブのインストラクターから、まったく業種の異なるマーケティング会社に転職しました。前職で利用者の分析やマーケティングに携わっていたことが、転職の軸になったようです。

「分析やマーケティングの仕事をメインにしたいと思い、転職を決意しました。ベンチャーのようなスピード感がある会社が好きなので、この会社に決めました」

◎スポーツインストラクター・トレーナー▼マーケティングリサーチ・分析

③ エステティシャンから、美容メーカーの商品企画に転職

鈴木さんは、エステティシャンとしての経験や美容の知識を生かし、新たな分野でステップアップしたいと転職を決意、美容メーカーの商品企画に転職しました。「なにを」の要素は固定して、「どうする」を大きく転換した成功例です。

「展示会で見たことがあったのでこの会社のことは以前から知っており、サロン向け商品の企画などに興味があったため入社を決めました」

◎エステティシャン▼エステサロン用の商品企画・商品開発

④ 語学力とサポート力を生かしてトラベルコンサルタントに転職

渡辺さんは、社長秘書として英文書類の作成などを担っていましたが、ルーティンの仕事に飽き足らず、新しいことをはじめたいと思って、旅行代理店のトラベルコンサルタントに転職しました。旅のプランニングから手配、担当した顧客のトラブル解決などに、英語力（スキル）を生かしています。

「得意の英語を使って人の手助けをしたいという私の思いにピッタリだったのが、この仕事でした」

◎社長秘書▼旅行代理店のトラベルコンサルタント

⑤ 紙のメディアから、インターネット業界に転職

山本さんは新聞記者でしたが、以前から興味をもっていたＷＥＢを使った情報発信に携わりたいと思い、介護ポータルサイトのＷＥＢコンテンツ編集に転職しました。デジタル化が進む情報産業の動きを視野に入れた転職といえます。前職と転職後の共通点は、情報を扱うということだけです。

「高齢化などの影響で、より重要性が増している病院・介護老人保健施設の情報発信に携われることに、大きなやりがいを感じています」

◎新聞記者▼WEBコンテンツ編集

⑥独学でプログラミングを学び、まったく経験のないIT業界に転職

中村さんの前職は、塾の講師でした。講師として仕事をするなかで使っていたPCからデジタル技術への関心が高まり、IT業界で働くことを目指し、独学でプログラミングを学んで希望通りに転職。公共団体などがシステムを導入する際に、業務システムを設計・構築するシステムエンジニアとして働いています。

「この会社に入社したきっかけは、実務未経験者の中途採用を行っていたためです。多くの人の生活を支える公共系のシステム開発にも興味をもちました」

◎塾講師▼システムエンジニア（パッケージ開発）

*

ここで紹介した6つは、特徴のある転職例を選んだため、「参考にならない」と思う方もいるかもしれませんが、決してそんなことはありません。**注目してほしいのは転職した結果ではなく、転職の選択肢は、おそらくあなたが思っているよりも非常に多いということです。**

転職して「やりたいことはなにか」「できることはなにか」という問いに真摯に向き合うことさえできれば、あなたの可能性は大きく広がります。希望をもって転職にチャレンジしてください。

第3章

業種・職種のこと
転職者のデータから「自分の可能性」を知る

Chapter 3

意外と多い 異業種・異職種転職

あなたは可能性を秘めている

転職活動における実践的ステップの第3段階、転職者のデータから「自分の可能性を知る」を解説する前に、まずは異業種・異職種転職の実態を押さえておきましょう。

第2章でふれたように、**異業種・異職種転職の割合は約半数にもおよびます。**マイナビが行った「転職動向調査2023年版（2022年実績）」によると、異業種への転職は47・1%、異職種への転職は35・6%。これは全世代データで、より転職志向の高い20代を見ても、異業種転職は48・6%（男性54・4%、女性56・6%）、異職種転職は37・6

図3－1　異業種・異職種転職の世代別傾向は？

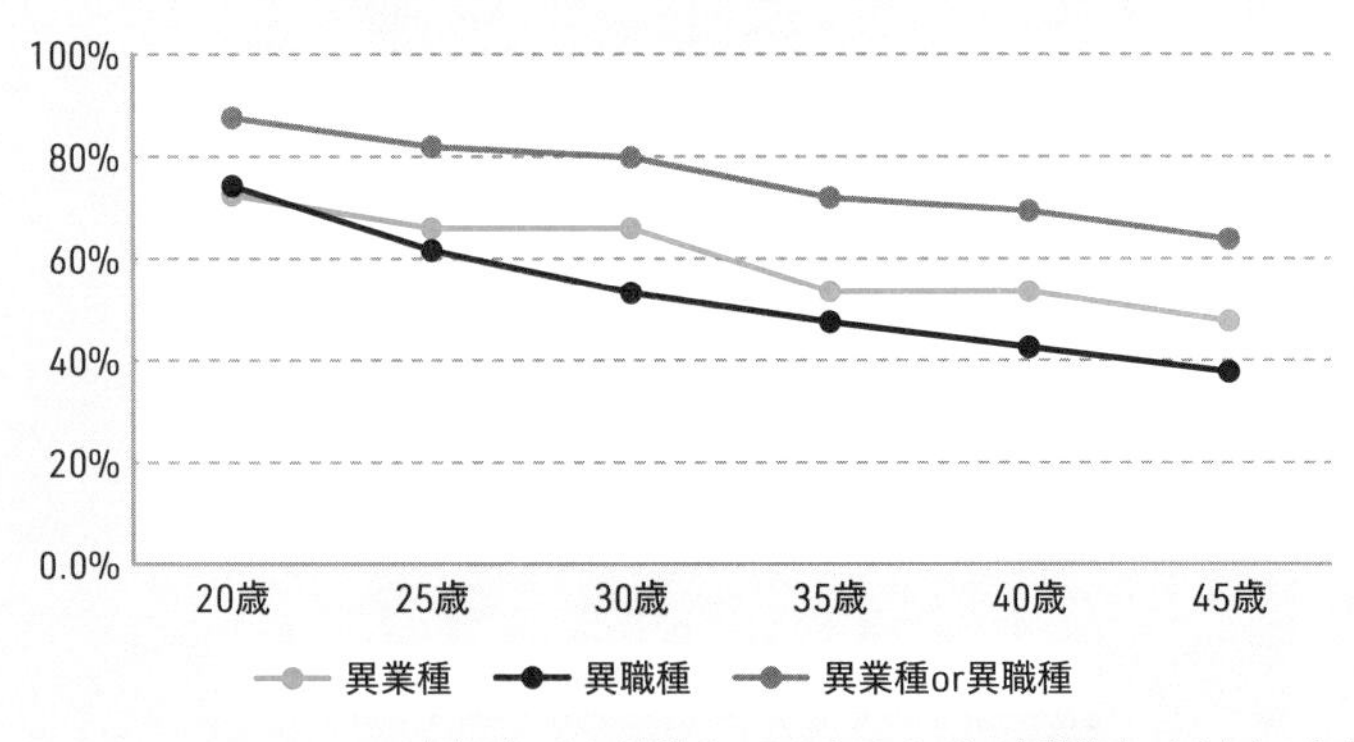

出典：「マイナビ転職 キャリアパートナー」の転職者データをもとに作成

％（男性46・6％、女性41・1％）でした。

このデータでは、全世代であまり差のない結果が出ていますが、私の経験では20代の異業種・異職種転職の割合はもっと高い印象があります。その印象を裏づけるのが、図3－1のグラフです。

　これは2020年10月から2023年8月に、マイナビ転職の転職支援サービス「キャリアパートナー」を利用して転職された方のデータをグラフ化したもので、注目の20代では、異業種・異職種転職の割合がほかの年代に比べてかなり高いことがわかると思います。

特に**22～25歳の「第二新卒」を多く含む層では、異業種・異職種転職が約7割を占めていました。**

企業が転職者に求めていること

転職がうまくいくかどうかは、求職者と企業側のマッチング（相性）が重要です。**いくら「異業種・異職種まで可能性を広げたい」と思っていても、採用する企業側が異業種・異職種転職をポジティブに考えていなければ、あなたが望むマッチングはほぼ不可能です。**

では、企業側は異業種・異職種転職をどう捉えているのか。本書を執筆中の2023年10月14日時点の『マイナビ転職』の求人を見ると、「業種未経験可」の求人は82・0％、「職種未経験可」の求人は68・3％、「業種未経験および職種未経験可」の求人は66・6％にものぼります。実数でいえば、求人数は1万9742件、そのうち、業種未経験可は1万6199件、職種未経験可は1万3480件、業種未経験および職種未経験可は1万3151件でした。つまり、**多くの企業が同業種・同職種の経験の有無を不問にしているのです。**

この背景には現在の切実な人手不足があります。働き手を確保するためなら、少々経験が足りなくても、育成前提で採用せざるをえない状況だといえます。

特に**異業種転職は、職種を変える転職よりハードルが低い傾向があります。**仕事をするうえで影響する部分が、異職種転職ほど大きくないためです。

たとえば、これまで家電メーカーの販売促進・マーケティングをしていたとします。**転職先で対象となるサービスやターゲットが変わったとしても、それまで培ってきた経験やスキルを生かすことができるため、異業種であることはほとんど障害とはならないので、30～40代でもチャンスはあります。**ただし、20代と比較すると即戦力としての活躍を求められることが多いため、経験やスキル、その企業で不足しているノウハウなどをもっていることが条件となるでしょう。

一方、異職種転職の場合は、少しハードルが上がります。**実務として求められるスキルや知見が異なるため、経験や知見を積み重ねていく期間が必要になり、経験者や応用がきく知見やスキルを持っている方が優遇される傾向があります。**ただし、「未経験者募集」のような求人募集の場合は育成前提で採用するので、志望動機や人柄、これまでやってきたこととの親和性の高さなどで採用される傾向があります。**特に20代の場合は、経験やスキルよりも「伸びしろ＝あなたの未来」を見込んで採用しているのです。**

条件が合わなくても、採用される可能性はある

もちろん、企業側は経験豊かで知見やスキルを備えた人材を望んでいますが、そのような人材を確保することは簡単ではなく、次善の策として、現時点では採用条件を満たしていない人材でもポテンシャルを見越して採用するケースがあります。

どんな人材ならそれが可能なのか、「中途採用状況調査2023年版（2022年実績）」から紐解いてみましょう。

必要資格や条件、スキル・経験全般を満たさずとも採用した理由

人柄がよかったから　28・3％
自社に対する熱意や意欲を感じたから　21・6％
年齢が若かったから　19・4％
自己PRがうまいなど、コミュニケーション能力が高かったから　19・0％
自社の従業員と相性がよさそうだったから　16・9％

自社の企業価値や社内制度と相性がよさそうだったから　16・6%
意外性のある経験やスキルをもっていたから　14・5%
自発的に自己研鑽を行っている熱意が見えたから　14・2%
自社の従業員にいないタイプの人柄だったから　14・0%
前職が大手など知名度のある会社だったから　11・2%
高学歴だったから　8・2%

これらの回答からも、転職がうまくいくかどうかは、求職者と企業側のマッチング次第という現実が見えてくる一方で、**「自己PRがうまいなど、コミュニケーション能力が高かった」「意外性のある経験やスキルをもっていた」「自発的に自己研鑽を行っている熱意が見えた」など、ポータブルスキルや強みを整理しておくことで、転職先に上手にアピールすることができる点もあるといえます。**

異業種や異職種だからと転職をあきらめることはありません。**あなたがもっている可能性を掘り起こして自覚することで可能になることもあるのです。**

コラム

仕事選びのよくある思い込み

業種や職種を選ぶ際に意外と障害になっているのが、業界や職種に対する先入観や思い込みです。

ネガティブな印象をもっていれば、その業種や職種を除外することで選択肢をせばめることになり、一方で特定の業界や職種に過度な期待をもっていれば、思わぬミスマッチの原因になります。どちらにしても、よいことはありません。

ここで、私たちがこれまで転職支援してきたなかで、よくある思い込み例をピックアップしましょう。

1「土日休みは事務職しかない？」

『マイナビ転職』の求人のうち、約半数の仕事は土日・祝日が休み。休日を充実させたいという理由で事務職にしぼって転職活動するのは、選択肢をせばめることにしかなりません。たとえば、土日・祝日休みのある職種を挙げてみると、営業、

サービスエンジニア、施工管理、電気設計、マーケター、販売促進、ゲームプランナー、WEBデザイナー、製造スタッフ……など、さまざまあるのです。

2「営業は好きだけれど、事務みたいな働きかたはできないよね？」

営業職の転職理由で多いのが、「ノルマに追われるのは疲れた」というものです。営業職自体は好きだけれども、ノルマに追われるのは嫌、かといって、事務職をやりたいわけではない――このような思いから、ノルマのない企業を延々と探し求めることになりがちです。

このような方はまず、「営業職」に対する思い込みを捨てましょう。インサイドセールスが一般的になりつつある現在、顧客を訪ねるだけが営業のスタイルではなくなっています。

たとえば「カスタマーサクセス」は、デスクに座ってPCや電話越しにサービスを利用している顧客を支援する職種で、基本的には受注数よりも顧客満足度を追求するため、一般的な営業職より

ものノルマのプレッシャーは少ないといえます。

3「未経験でもＩＴエンジニアになれる？」

もちろん未経験で採用された後に研修で学べる企業もたくさんありますが、最も重要なのは適性です。そのうえ、日々更新され進歩するＩＴ技術に対応するためには、常に最新の情報をキャッチアップしていく必要があります。それを楽しめる人であれば、転職して仕事にできる可能性は大いにあります。また、採用された企業での勤務ではなく、プロジェクトを受託した企業先で勤務する場合もあるため、希望に合った働きかたができるかどうかを確認する必要があります。

4「将来の育児を考えたら、正社員はあきらめるしかない？」

子育てしながら働ける範囲を考え、あえてキャリアダウンして正社員からパートタイマーや派遣になり、時間に融通がきく働きかたを選ぶ方は少なくありません。けれど、「子どもができたらキャリアダウンは避けられない」というのも、今や思い込みといえるかもしれません。子どもがいても働きやすい制度を用意している会社はたくさんあるのです。

実際『マイナビ転職』の求人のうち53・8%は、育児中の社員在籍中の企業です。「託児所・育児サポート制度あり」「時短勤務OK」などの条件で転職先を探すこともできます。最近では在宅ワークができる求人もあり、子育てフェーズに入る前にそうした企業に転職する方も増えています。

Chapter 3

データから見る「目指しやすい転職」とは

軸ずらし転職は、転職の選択肢を広げるための手法です。**転職の軸はあなたの転職活動を支える重要なものですが、それに縛られて自分の可能性をせばめてしまっては元も子もありません。**そこで重要となるのが、**「自分の可能性を知る」**ということです。

具体的には、『マイナビ転職』がもつ転職者データ※と実際の転職者の声から傾向を分析した15事例を紹介し、**現職と親和性の高い業種・職種にどのようなものがあるのか、たとえば現職が保険会社の営業職だったら、ほかの業種や職種に転職した人はどのように考えて行動し、その結果、どんな業種・職種に転職できたか**を解説していきましょう。

※2020年～2023年の転職者インタビューデータから分析

職種ページの活用方法

①現状の職種からどの職種に転職する人が多いのか、
ランキングでチェックしてみましょう

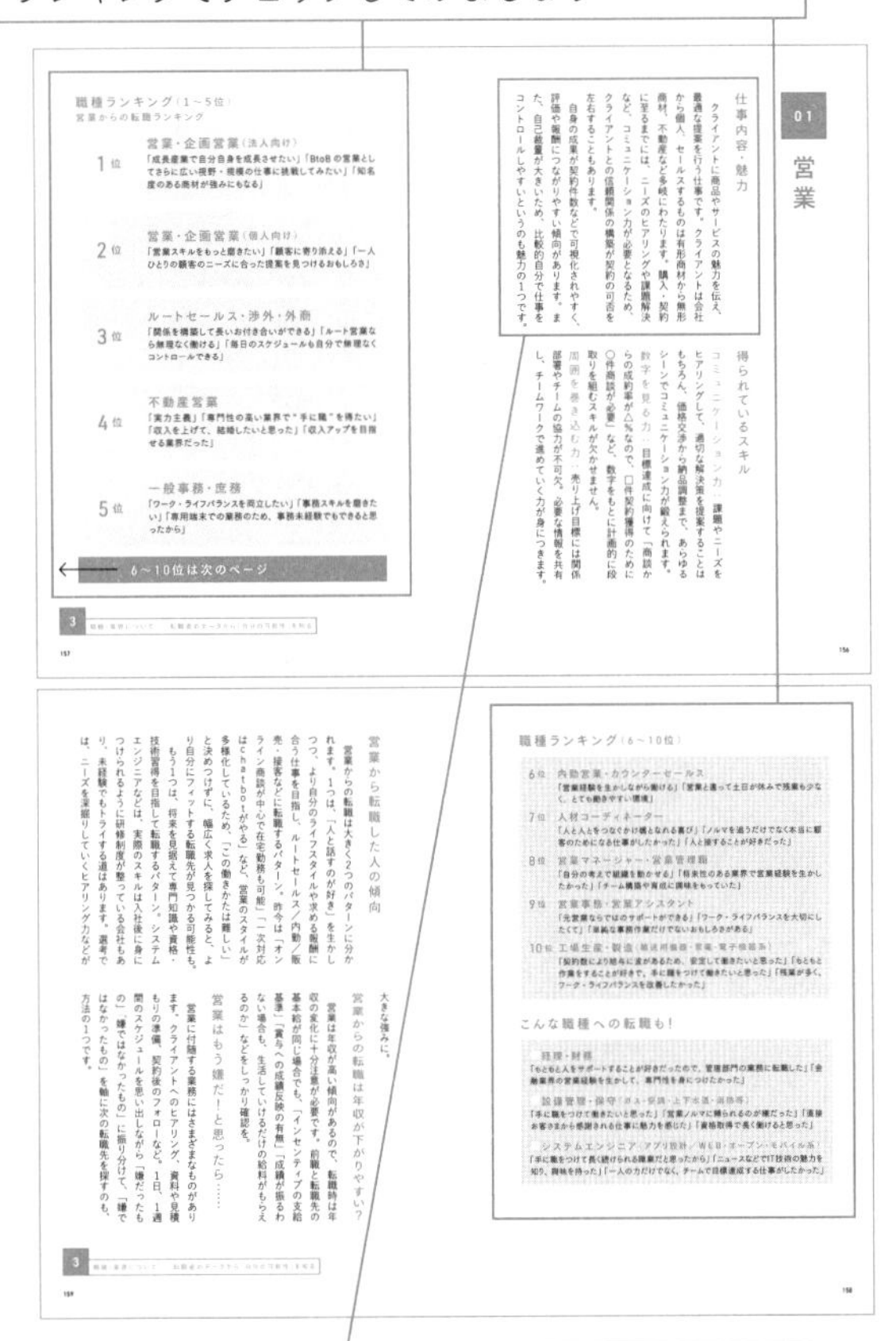

01 営業

仕事内容・魅力

クライアントに商品やサービスの魅力を伝え、最適な提案を行う仕事です。クライアントは会社から個人、セールスするものは有形商材から無形商材、不動産など多岐にわたります。購入・契約に至るまでには、ニーズのヒアリングや課題解決など、コミュニケーション力が必要となるため、クライアントとの信頼関係の構築が契約の可否を左右することもあります。

自身の成果が契約件数などで可視化されやすく、評価や報酬につながりやすい傾向があります。また、自己裁量が大きいため、比較的自分で仕事をコントロールしやすいというのも魅力の1つです。

得られているスキル

コミュニケーション力：課題やニーズをヒアリングして、適切な解決策を提案することはもちろん、価格交渉から納品調整まで、あらゆるシーンでコミュニケーション力が鍛えられます。

数字を見る力：目標達成に向けて「商談からの成約率が△%なので、□件契約獲得のために○件商談が必要」など、数字をもとに計画的に段取りを組むスキルが欠かせません。

周囲を巻き込む力：売り上げ目標には関係部署やチームの協力が不可欠。必要な情報を共有し、チームワークで進めていく力が身につきます。

職種ランキング（1～5位）
営業からの転職ランキング

1位 営業・企画営業（法人向け）
「成長産業で自分自身を成長させたい」「BtoB の営業としてさらに広い視野・規模の仕事に挑戦してみたい」「知名度のある商材が強みにもなる」

2位 営業・企画営業（個人向け）
「営業スキルをもっと磨きたい」「顧客に寄り添える」「一人ひとりの顧客のニーズに合った提案を見つけるおもしろさ」

3位 ルートセールス・渉外・外商
「関係を構築して長いお付き合いができる」「ルート営業なら無理なく働ける」「毎日のスケジュールも自分で無理なくコントロールできる」

4位 不動産営業
「実力主義」「専門性の高い業界で"手に職"を得たい」「収入を上げて、結婚したいと思った」「収入アップを目指せる業界だった」

5位 一般事務・庶務
「ワーク・ライフバランスを両立したい」「事務スキルを磨きたい」「専用端末での業務のため、事務未経験でもできると思ったから」

6～10位は次のページ

職種ランキング（6～10位）

6位 内勤営業・カウンターセールス
「営業経験を生かしながら働ける」「営業と違って土日が休みで残業も少なく、とても働きやすい環境」

7位 人材コーディネーター
「人と人とをつなぐかけ橋となれる喜び」「ノルマを追うだけでなく本当に顧客のためになる仕事がしたかった」「人と接することが好きだった」

8位 営業マネージャー・営業管理職
「自分の考えで組織を動かせる」「将来性のある業界で営業経験を生かしたかった」「チーム構築や育成に興味をもっていた」

9位 営業事務・営業アシスタント
「元営業ならではのサポートができる」「ワーク・ライフバランスを大切にしたくて」「単純な事務作業だけでないおもしろさがある」

10位 工場生産・製造（輸送用機器・家電・電子機器系）
「契約数により給与に波があるため、安定して働きたいと思った」「もともと作業をすることが好きで、手に職をつけて働きたいと思った」「残業が多く、ワーク・ライフバランスを改善したかった」

こんな職種への転職も！

経理・財務
「もともと人をサポートすることが好きだったので、管理部門の業務に転職した」「金融業界の営業経験を生かして、専門性を身につけたかった」

設備管理・保守（ガス・空調・上下水道・消防等）
「手に職をつけて働きたいと思った」「営業ノルマに縛られるのが嫌だった」「直接お客さまから感謝される仕事に魅力を感じた」「資格取得で長く働けると思った」

システムエンジニア（アプリ設計／WEB・オープン・モバイル系）
「手に職をつけて長く続けられる職業だと思ったから」「ニュースなどでIT技術の魅力を知り、興味を持った」「一人の力だけでなく、チームで目標達成する仕事がしたかった」

営業から転職した人の傾向

営業からの転職は大きく2つのパターンに分かれます。1つは、「人と話すのが好き」を生かしつつ、より自分のライフスタイルや求める報酬に合う仕事を目指し、ルートセールス／内勤／販売・接客などに転職するパターン。昨今は「オンライン商談が中心で在宅勤務も可能」「一次対応はchatbotがやる」など、営業のスタイルが多様化しているため、「この働きかたは難しい」と決めつけずに、幅広く求人を探してみると、より自分にフィットする転職先が見つかる可能性も。

もう1つは、将来を見据えて専門知識や資格・技術習得を目指して転職するパターン。システムエンジニアなどは、実際のスキルは入社後に身につけられるように研修制度が整っている会社もあり、未経験でもトライする道はあります。選考では、ニーズを深掘りしていくヒアリング力などが大きな強みに。

営業からの転職は年収が下がりやすい？

営業は年収が高い傾向があるので、転職時は年収の変化に十分注意が必要です。前職と転職先の基本給が同じ場合でも、「インセンティブの支給基準」「賞与への成績反映の有無」「成績が振るわない場合も、生活していけるだけの給料がもらえるのか」などをしっかり確認を。

営業はもう嫌だ！と思ったら……

営業に付随する業務にはさまざまなものがあります。クライアントへのヒアリング、資料や見積もりの準備、契約後のフォローなど。1日、1週間のスケジュールを思い出しながら「嫌だったもの」「嫌ではなかったもの」に振り分けて、「嫌ではなかったもの」を軸に次の転職先を探すのも、方法の1つです。

②自分の知らない職種があったときは、逆引きして、
その職種の仕事内容を見てみましょう

01

営業

仕事内容・魅力

クライアントに商品やサービスの魅力を伝え、最適な提案を行う仕事です。クライアントは会社から個人、セールスするものは有形商材から無形商材、不動産など多岐にわたります。購入・契約に至るまでには、ニーズのヒアリングや課題解決など、コミュニケーション力が必要となるため、クライアントとの信頼関係の構築が契約の可否を左右することもあります。

自身の成果が契約件数などで可視化されやすく、評価や報酬につながりやすい傾向があります。また、自己裁量が大きいため、比較的自分で仕事をコントロールしやすいというのも魅力の1つです。

得られているスキル

コミュニケーション力：課題やニーズをヒアリングして、適切な解決策を提案することはもちろん、価格交渉から納品調整まで、あらゆるシーンでコミュニケーション力が鍛えられます。

数字を見る力：目標達成に向けて「商談から の成約率が△%なので、□件契約獲得のために○件商談が必要」など、数字をもとに計画的に段取りを組むスキルが欠かせません。

周囲を巻き込む力：売り上げ目標には関係部署やチームの協力が不可欠。必要な情報を共有し、チームワークで進めていく力が身につきます。

職種ランキング（1～5位）
営業からの転職ランキング

1位　営業・企画営業（法人向け）

「成長産業で自分自身を成長させたい」「BtoBの営業としてさらに広い視野・規模の仕事に挑戦してみたい」「知名度のある商材が強みにもなる」

2位　営業・企画営業（個人向け）

「営業スキルをもっと磨きたい」「顧客に寄り添える」「一人ひとりの顧客のニーズに合った提案を見つけるおもしろさ」

3位　ルートセールス・渉外・外商

「関係を構築して長いお付き合いができる」「ルート営業なら無理なく働ける」「毎日のスケジュールも自分で無理なくコントロールできる」

4位　不動産営業

「実力主義」「専門性の高い業界で"手に職"を得たい」「収入を上げて、結婚したいと思った」「収入アップを目指せる業界だった」

5位　一般事務・庶務

「ワーク・ライフバランスを両立したい」「事務スキルを磨きたい」「専用端末での業務のため、事務未経験でもできると思ったから」

← 6～10位は次のページ

職種ランキング（6〜10位）

6位　内勤営業・カウンターセールス

「営業経験を生かしながら働ける」「営業と違って土日が休みで残業も少なく、とても働きやすい環境」

7位　人材コーディネーター

「人と人とをつなぐかけ橋となれる喜び」「ノルマを追うだけでなく本当に顧客のためになる仕事がしたかった」「人と接することが好きだった」

8位　営業マネージャー・営業管理職

「自分の考えで組織を動かせる」「将来性のある業界で営業経験を生かしたかった」「チーム構築や育成に興味をもっていた」

9位　営業事務・営業アシスタント

「元営業ならではのサポートができる」「ワーク・ライフバランスを大切にしたくて」「単純な事務作業だけでないおもしろさがある」

10位　工場生産・製造（輸送用機器・家電・電子機器系）

「契約数により給与に波があるため、安定して働きたいと思った」「もともと作業をすることが好きで、手に職をつけて働きたいと思った」「残業が多く、ワーク・ライフバランスを改善したかった」

こんな職種への転職も！

●経理・財務

「もともと人をサポートすることが好きだったので、管理部門の業務に転職した」「金融業界の営業経験を生かして、専門性を身につけたかった」

●設備管理・保守（ガス・空調・上下水道・消防等）

「手に職をつけて働きたいと思った」「営業ノルマに縛られるのが嫌だった」「直接お客さまから感謝される仕事に魅力を感じた」「資格取得で長く働けると思った」

●システムエンジニア（アプリ設計／WEB・オープン・モバイル系）

「手に職をつけて長く続けられる職業だと思ったから」「ニュースなどでIT技術の魅力を知り、興味を持った」「一人の力だけでなく、チームで目標達成する仕事がしたかった」

営業から転職した人の傾向

営業からの転職は大きく2つのパターンに分かれます。1つは、「人と話すのが好き」を生かしつつ、より自分のライフスタイルや求める報酬に合う仕事を目指し、ルートセールス／内勤／販売・接客などに転職するパターン。昨今は「オンライン商談が中心で在宅勤務も可能」「一次対応はｃｈａｔｂｏｔがやる」など、営業のスタイルが多様化しているため、「この働きかたは難しい」と決めつけずに、幅広く求人を探してみると、より自分にフィットする転職先が見つかる可能性も。

もう1つは、将来を見据えて専門知識や資格・技術習得を目指して転職するパターン。システムエンジニアなどは、実際のスキルは入社後に身につけられるように研修制度が整っている会社もあり、未経験でもトライする道はあります。選考では、ニーズを深掘りしていくヒアリング力などが大きな強みに。

営業からの転職は年収が下がりやすい？

営業は年収が高い傾向があるので、転職時は年収の変化に十分注意が必要です。前職と転職先の基本給が同じ場合でも、「インセンティブの支給基準」「賞与への成績反映の有無」「成績が振るわない場合も、生活していけるだけの給料がもらえるのか」などをしっかり確認を。

営業はもう嫌だ！と思ったら……

営業に付随する業務にはさまざまなものがあります。クライアントへのヒアリング、資料や見積もりの準備、契約後のフォローなど。1日、1週間のスケジュールを思い出しながら「嫌だったもの」「嫌ではなかったもの」に振り分けて、「嫌ではなかったもの」を軸に次の転職先を探すのも、方法の1つです。

02

管理事務

仕事内容・魅力

経理・財務・人事・労務・法務・広報など、それぞれの専門分野のプロフェッショナルとして企業を支える仕事です。法律やルールに基づき間違いの許されないルーティン業務を着実に行う一方で、効率化や低コスト化、今の時世に合わせたアップデートなど、日々改善が求められることも。

社内外の問い合わせに迅速かつ正確に対応するために、確かな知識とそれを相手にわかりやすく伝えるコミュニケーション力が欠かせません。担当領域の専門知識を生かし、縁の下の力持ちとして周囲の人を支え、経営や組織の成長に貢献するやりがいにあふれる仕事です。

得られているスキル

専門的知識：経理なら簿記、人事なら社会保険労務士など、それぞれの業務に合わせた知識が身につきます。資格の取得に至るケースもあります。

ミスなく正確に業務を行う力：自身が注意深く業務を行うだけでなく、処理フロー、人員体制、ツールの活用など、確実に業務を遂行していくためのノウハウがたくさん得られます。

マルチタスクの能力：期日厳守の業務を行っている途中でも、問い合わせなどが舞い込んできます。「今」なにをすべきか、優先順位や対応範囲を見きわめ着手していく力が必要となります。

職種ランキング（1～5位）
管理事務からの転職ランキング

1位

経理・財務

「一部分の業務ではなく、仕事の幅を広げたくて転職しました」「上場企業グループでスキルアップを目指せると思った」「残業が少なく、ワーク・ライフバランスを両立したかった」

2位

人事・労務・採用

「土日休みで安定して働ける会社を探していた」「業務のアウトソーシング化によりスキルアップに危機感を感じて転職」「派遣スタッフから正社員で働きたくて転職」

3位

総務

「細分化された仕事だったので、少数精鋭で幅広く仕事して成長したかった」「残業が少なく、人間関係のよい職場で働きたかった」「社員が生き生きと働けるよう、自分のアイデアを生かして仕事できる会社に転職したかった」

4位

営業・企画営業（法人向け）

「ルーティンワークではなく、毎日変化のある仕事がしたかった」「内勤より、外に出てお客さまと接する仕事がしたかった」「頑張った分、評価される仕事は営業だと思ったから」

5位

士業補助者

「今より高い専門性を身につけたかった」「企業単位ではなく、社内外を交えたプロジェクトに関わり働きたかったため」「業務を通して資格取得にチャレンジできるため」

← 6～10位は次のページ

職種ランキング（6〜10位）

6位　会計・税務

「経理のスキルをもっと磨きたいと思った」「専門的な知識を身につけたかった」「前職よりも大規模な仕事ができると思った」

7位　一般事務・庶務

「前職では人事業務を行っていたが、経理の仕事も経験したいと興味があったため」「仕事と育児のワーク・ライフバランスを実現したくて」「幅広い業務に対応することで責任感をもって仕事をしたかった」

8位　営業事務・営業アシスタント

「事務仕事の幅を広げたかった」「事務職以外のスキルを身につけたかった」

9位　システムエンジニア（アプリ設計／WEB・オープン・モバイル系）

「もっと大きな組織で、よりスケールの大きな案件を担当したかった」「大企業で、ワーク・ライフバランスを保ちながら働きたかった」「法務に専念できる、専門性の高い環境へと転職したかった」

10位　社会保険労務士

「前職では経理と総務を経験。これまでのキャリアを生かせる場で人の役に立つ仕事がしたかった」「前職で社労士さんと仕事をする機会があり、自分も人から頼られる仕事がしたかった」

こんな職種への転職も！

● 団体職員

「子どものころ過ごした地域で、青少年に関わる仕事がしたかった」「前職よりも仕事の幅を広げて働ける点」

● 広報

「専門知識を生かして東京で働きたかった」「面接時に話した代表の考えかたや情熱に感動し、ここで経験を生かして働きたいと思った」

● ルートセールス・渉外・外商

「外へ出ていく仕事がしたいと思い転職」「より人とコミュニケーションが取れる仕事が自分には向いていると感じて、営業の仕事に転職しました」

管理事務から転職した人の傾向

管理事務の転職は「業務範囲を広げたい」「専門性を深めたい」など、専門性を生かしてさらにスキルアップしたいという転職理由が目立ちます。これは一見正反対のように見えますが、転職活動の方向性としては類似の傾向で、「少ない人員で管理事務系職種をカバーするため、経理担当者が人事も兼任するなど、一人あたりの担当領域が広くなる中小企業への転職」「管理事務系職種の人員が多いため、一人あたりの担当領域が狭くなる大企業への転職」と、職種は変えずに企業規模を変える、というものになります。

転職活動においては、聞きなれた職種でも応募企業での業務範囲がどのようになっているか、自身のやりたいこと、スキルを生かせる範囲と合致しているかを十分に確認することが大切です。

年収を上げたい場合は？

管理事務のような「バックオフィス部門」と呼ばれる職種は、成果や企業への貢献を可視化することが難しいため、もともと給与設定が低い、年収が上がりにくいという悩みもよく聞きます。

管理事務の職種のままで収入を上げる方法は、「①管理職（マネージャー）になる」「②今より平均年収の高い業界の事務管理に転職する」という2つのルートが代表として挙げられます。

管理職を目指す場合は、転職せずに1つの企業に留まったほうがいいケースも。ただし、一口に管理職といっても、管理職に上がることで管理職手当がどのくらいつくのか、時間外手当の支給は継続されるのか、企業によって異なります。そのため、「どの企業で管理職を目指すか」という点も大事になるでしょう。

03

一般事務

仕事内容・魅力

社内通達や会議資料などの文書作成業務、電話やメールでの応対、来客応対、スケジュール管理、オフィスの設備や備品の管理など、さまざまな仕事を通じて各部署の社員が滞りなく業務に専念できるようサポートする仕事です。

依頼されてから動くのではなく、日ごろからオフィスの状態や社員の様子に気を配り、率先してサポートを買って出る気遣いが求められるシーンも。決まったメンバーや身近な人をサポートする仕事が中心となるので、1つひとつの業務を通じて信頼関係を築けること、「ありがとう」と言ってもらえることもやりがいです。

得られているスキル

コミュニケーション力：さまざまな部署の人からの案件に対応していく仕事ですから、依頼内容の要点を押さえ、必要な確認は自ら取り、仕事を進めていくコミュニケーション力とフットワークが不可欠です。

文書作成スキル：ＷｏｒｄやＰｏｗｅｒＰｏｉｎｔ、Ｅｘｃｅｌの操作に加え、相手に合わせて誤解なく、角が立たない言い回しで必要なことを端的に伝えるスキルも求められます。

協調性：多様な業務が発生するからこそ、周囲の状況を見て、協力し合い、物事を進めていく姿勢が欠かせません。

職種ランキング（1～5位）
一般事務からの転職ランキング

1位

一般事務・庶務

「同じ仕事でも、子育てと両立するため土日が休みで時短などの制度が整っている環境にステップアップ」「もっと大きな仕事のやりがいを求めて」「成長につながる新たなチャレンジがしたいと考えたため」

2位

営業事務・営業アシスタント

「転勤がなく、安定した働きかたがしたいと思い」「前職では帰るのが21時～22時。働きやすさを求めて」「事務でも頑張りを評価してくれる環境を希望して」

3位

法人営業

「サポートする側ではなく自分が売り上げに貢献したいと思ったため」「受け身ではなく、能動的に働ける仕事がしたかった」「頑張った分、給料で評価されたい」

4位

経理・財務

「資格を取っておけば今後に役立つと思ったから」「学生時代に簿記の資格を取得しており、それを生かして働きたいと考えたため」「営業事務よりもっと広い視野でお金の流れを見てみたいと思ったことから転職」

5位

総務

「幅広い経験を積めることに魅力を感じて」「休日が少なく給与水準も低いことに不安を感じて」「将来性のある成長企業で働きたかった」

← 6～10位は次のページ

職種ランキング（6〜10位）

6位　個人営業

「デスクワークメインの座りっぱなしの仕事は、どうも性に合わなかったみたいで……」「給与と毎日のルーティンワークに物足りなさを感じてしまったから」

7位　人事・労務・採用

「採用・研修などで人の成長をサポートし見守れる仕事にやりがいを覚えて」「これまでの経験を生かし、よりキャリアアップできる環境を求めて」

8位　貿易業務・国際業務

「給与などの評価体制や充実した福利厚生などに魅力を感じて」「お客さまに喜んでいただけることにやりがいを感じて」「英語力をさらに生かしたいと思い」

9位　受付

「もっとお客さまと深く関われる接客のお仕事がしたいと思って」「会社の将来性に魅力を感じて、転職しました」

10位　ルートセールス・渉外・外商

「顧客と対話できる仕事がしたくて」「評価制度も整っており、努力次第で上を目指していける環境を求めて」「男性も女性も働きやすい環境に魅力を感じて」

こんな職種への転職も！

●物流企画・物流管理

「長時間労働が基本で休みが少ない環境を改善するために」「もっと自身の活躍の幅を広げて仕事をしたいと思ったため」

●システムエンジニア（アプリ設計／WEB・オープン・モバイル系）

「ITが普及して仕事がなくなるならIT業界に挑戦しよう！と思って」「営業事務だった前職時にシステムに触る機会があり、その時につくる側に携わってみたいと思ったのがきっかけです」

●士業補助者

「税理士になるための一歩を踏み出したいと思い、転職を決意」「前職はルーティンワークで、もっと自分の成長が感じられる仕事がしたいと思って」

一般事務から転職した人の傾向

一般事務からの転職の理由で目立つのは、「経理や人事など、もっと1つの業務に深く携わりたい」というもの。一般事務は幅広い業務に関わり知見を広げられるというおもしろさがある一方、1つの分野で専門スキルを身につけるのは難しい側面もあるため、将来のキャリアや年収アップ、産休や育休というブランク期間を見据えて「手に職をつけたい」と思う人も少なくないのかもしれません。

なかでも回答が多かったのは、「営業事務」「総務」「経理」など。日商簿記など高校や大学で取得済み・独学でもチャレンジしやすい資格を生かせる職種は比較的ハードルが低いと思われている傾向があります。人事、法務などは法律の専門知識を求められるため、未経験からの挑戦はハードルが高く感じられるようです。

一般事務のキャリアパスは？

一般事務を続ける場合、代表的なキャリアパスはそのまま経験を積み、チームリーダーのようなマネジメントの立場にまわること。ただし、リーダーはなれる人が限られているので、キャリアアップや年収アップを目指したい場合と併せて、戦略的なスキルアップが求められます。

選考ではなにをアピールする？

一般事務の仕事は実績を可視化するのが難しく、履歴書や面接の自己PRで困るという話もよく聞きます。そんなときは、ふだんの業務の進めかたやコミュニケーションにおいてどのような工夫をしてどのように評価されたのか、どんな不便に気づきどう解消したかなど、具体的なエピソードを記載しましょう。試行錯誤の行動は、採用担当者が「社に合うか」を判断する大事な材料です。

04

ＩＴエンジニア

仕事内容・魅力

システムやソフトウェアの設計、開発、運用、保守といった開発サイクル全般の業務になります。担当領域によってはネットワークの構築やセキュリティ対策、ポジションによっては新しい技術やツールの導入、プロジェクトの管理などもあります。いずれも、システムを通して社会を支え、より便利にしていくのがＩＴエンジニアの仕事です。

人の役に立てることに加え、自分の携わった製品やサービスを実際に見ることができる喜びも感じられるはず。最新技術にふれながら学べるおもしろさがあり、自身の成長とスキルアップが市場価値に直結しやすいという魅力があります。

得られているスキル

開発言語・ネットワークなどの専門知識：担当領域の専門知識は一度身につければ、同じ言語や領域のさまざまな仕事で生かせます。ただし、技術はアップデートされていくため、最新の技術を追いつづけることが不可欠。その情報収集力や学習しつづける力も、1つのスキルです。

コミュニケーション力：どんなサービスも、クライアントと利用するユーザーがあってこそ。また、要件定義から運用・保守段階まで多くの人が関わり、さまざまな工程を分担するため、コミュニケーション力が欠かせません。

職種ランキング（1～5位）
ITエンジニアからの転職ランキング

1位

システムエンジニア（アプリ設計／WEB・オープン・モバイル系）

「『一人現場』ではなくチームでプロジェクトに参画したかったので」「最新技術にふれる機会を求めて」「役職にとらわれず給料が上がる、納得できる評価制度に惹かれて」

2位

社内システム開発・運用

「クライアントとしての外注と手を動かして自分でコードを書く作業の両方をできるので」「社内の人をサポートしながら実務にも携われる点に魅力を感じて」

3位

プロジェクトマネジャー（WEB・オープン・モバイル系）

「二次請けメインでお客さまと直接対話できない環境だったので、変化を求めて」「仲間とともにグローバル展開を視野に入れた大きなプロジェクトに参加できることに惹かれて転職」

4位

ネットワーク設計・構築

「よりレベルの高い仕事ができる点と、自由な社風に惹かれて」「主体的に学べる教育体制が整っており、経験が浅くても意欲次第で成長できる環境に惹かれたから」

5位

プログラマー（WEB・オープン・モバイル系）

「自分の開発した成果が目に見えて、実際にどう動いているかもわかるため」「前職では残業も多く休みも少なめ。会社の将来性にも不安を感じていたため、安定性のある会社へ」

← 6～10位は次のページ

職種ランキング（6〜10位）

6位　法人営業

「消費者の顔がわかる仕事がしたかった」「成果に対する評価が少ないことに不満を感じて営業職にチャレンジ」「地元を支える事業内容に携わりたかった」

7位　テクニカルサポート

「前職では残業が多く、身体に負担を感じていました。そうした環境を改善したかったため」「SE時代はお客さまの顔が見えず、人の役に立てている実感がなくて物足りなさを感じていたので」

8位　サーバ設計・構築

「前職では保守がメイン。上流工程に挑戦しながらスキルを磨きたかったので」「これまでの経験を生かしつつ、よりクライアント志向のプロジェクトに入りたいと考えたため」

9位　システムエンジニア（通信制御ソフト開発／制御系）

「プログラマーではスキル面で不安を抱えており、希少性の高いエンジニアになりたかった」「以前は自分の仕事がどんな製品に生かされているのか見えなかったので、自社製品に携われる会社に」

10位　一般事務・庶務

「SEのときは“暮らしを便利にする仕事に携わっている”点に魅力を感じていましたが、それよりも目の前にいる人の役に立つ仕事がしたかったので」

こんな職種への転職も！

●サーバ・マシン運用

「以前勤めていた会社の業績悪化を経験し、会社の安定性を重視して転職」「残業や休日などのワーク・ライフバランスを改善するため」

●総務

「土日出勤・深夜残業が当たり前の環境から抜け出すため」「もっと周囲と連携しながら働ける環境で仕事をしたいと思ったので」

●社内情報化戦略・推進

「ひとつの工程だけでなくやれることの幅を広げてみたいという意欲が湧いてきたので」「自社システムの企画・運用に自ら広く深く携われるため」

ITエンジニアから転職した人の傾向

ITエンジニアからの転職は「せっかく身についたスキルを生かせるか」が軸になる傾向。また、スキルの高さと待遇が比例しやすいことから、まずは1つ上の難度のプロジェクトや工程に携われる企業に移り、スキルを身につけ、さらに関連する別の領域にスライド転職して経験を積むというように、身につけたいスキルに合わせて企業を乗り換えていくキャリアプランも珍しくはありません。

また、「よりクライアントやユーザーに近い位置で生の声を聞きたい」「よりよい待遇・テレワークなど自由に働ける環境がいい」などの理由から、「上流工程」といわれる元請けやプロジェクトマネージャー、社内SEなどへの転職を目指す人が目立ちます。いずれはフリーランスになることを視野に入れ、スキル・経験・人脈づくりの転職という選択肢もあります。

これからのITエンジニアとは？

ITエンジニアは以前より変化が激しい仕事といわれてきましたが、特に昨今は生成AIなどの台頭により、「ITエンジニアの仕事そのものがなくなるのでは」という危機感を覚える人もいます。実際、指示された通りにプログラミングをするようなシンプルな業務は、オートメーション化されつつあります。

とはいえ、エンジニアの担う役割のすべてをAIが代替できるわけではなく、クライアントから潜在的なニーズをヒアリングし、要件定義に落とし込んでいくようなフェーズは、今後も人の手が不可欠といわれています。今後エンジニアとしての市場価値を維持するためには、クライアントとのコミュニケーションなど「相手の課題や要望に耳を傾けられるエンジニア」であることが、求められていくのかもしれません。

05

ものづくりエンジニア

仕事内容・魅力

自動車や家電、半導体など、あらゆる製品の設計や開発、製造、検査など品質管理に関わる、人々の生活になくてはならない仕事です。製品化のハードルとなっている技術的な問題を自分の知見を生かしてクリアにする、安全や便利という付加価値の提供など、「こんなものがほしかった」に応える製品づくりは時に、生活様式を一変させることも。

人々の生活を支えるやりがいだけでなく、自分が携わった製品を街中で見かけるなど、ものづくりを通じて得られる達成感に加え、経験が成長につながる手ごたえに喜びを感じる人も少なくありません。

得られているスキル

機械・電子／電気などの専門知識：担当領域により、機械の力学や電子回路などの知識や、CADをはじめとした製品の設計や検査に必要なソフトや機械の知識が身につきます。

論理的思考力：安全性の観点から、データや実験結果、機械工学や数理工学などの知識を掛け合わせ、製品化の妨げとなっている問題を導き出す論理的思考力が不可欠です。

コミュニケーション力：専門技術の知識をもたない仕事関係者にもわかるように問題と解決方法を説明し、次のフェーズへの合意へと導けるのは、コミュニケーション力があってこそです。

職種ランキング（1〜5位）
ものづくりエンジニアからの転職ランキング

1位

営業・企画営業（法人向け）

「経験を生かしてメーカーの営業職としてクライアントの企画提案に携わりたかった」「決まった仕事ではなく、クライアントにサービス提案する側にまわりたいと思い転職しました」

2位

機械・機構設計（工作機械・ロボット・機械系）

「メンテナンス業務から設計に挑戦したくて転職しました」「前職では休日が少なく、勤務時間は長かったため無理なく働ける会社に転職」「製図業務から、学校で学んだ知識やスキルを生かして設計に携わりたかった」

3位

工場生産・製造（輸送用機器・家電・電子機器系）

「前職は土日が休みではなく、家族と一緒に過ごす時間を求めて転職」「デスクワークではなく、もっと体を動かす仕事がしたい」「将来性の高い成長産業で仕事したい」

4位

機械・機構設計（自動車・輸送用機器系）

「技術がもっと生かせる環境を求めて」「少数精鋭で力を発揮できるから」「ちょうど新規事業をはじめるタイミングで、中心メンバーとしてキャリアアップできそうだった」

5位

品質管理・保証（食品・化粧品系）

「製造よりも、実験や測定に興味を感じたから」「夜勤など長時間労働が負担で、安定して長く働く環境が整っている会社で働きたかった」「商品数が少なく、同じ作業のくり返しだったため、商品数の多い大手企業で働きたいと思った」

← 6〜10位は次のページ

職種ランキング（6～10位）

6位　サービスエンジニア・サポートエンジニア（精密・医療用機器系）

「自分が手掛けた製品を利用されるお客さまの声を聞きたくて転職」「大企業だと言われた仕事しかできないので、自分で能動的に動ける会社で働きたかった」「医療現場を支える仕事に感銘を受け入社しました」

7位　ルートセールス・渉外・外商

「前職では技術職で個人で取り組む仕事だったので、チームで仕事ができる営業の仕事に興味があって転職」「ただ商品を売るのではなく、お客さまが抱えている課題に対して技術者目線で提案したかった」

8位　サービスエンジニア・サポートエンジニア（自動車・輸送用機器系）

「公共交通機関を運営する安定性と地元に貢献できるという思いから」「憧れの自動車メーカーに関わりたかった」「技術者にスポットを当ててくれる環境に身を置きたかった」

9位　生産管理・製造管理（電気・電子・機械・半導体・材料系）

「身につけたい知識・スキルがあった」「成長企業でスキルアップしたい」

10位　品質管理（電気・電子・機械・半導体・材料系）

「魅力的な製品が多かった」「最新の設備の中でスキルアップしたかった」「会社が扱う技術について、これから需要が増すと思ったから」

こんな職種への転職も！

● **生産・製造・プロセス技術**（自動車・輸送用機器系）

「もともと鉄道が好きで、いずれは関わりたいと思っていた」「前職は既存品をベースとした案件が多かったので、自分のアイデアを生かせる環境で働きたかった」「ものづくりにもっと深く携わりたかった」

● **設備工事**（電気・通信）

「一部分の担当ではなく、システム全体の構築・管理に関わることでキャリアアップしたかったから」「手に職をつけて、一生活躍できるスキルを磨きたいと思い転職しました」「コロナ禍で工場稼働率が低下して、将来に不安を感じて、安定性のある当社に転職」

● **システムエンジニア**（アプリ設計／WEB・オープン・モバイル系）

「将来に不安を感じ、10年後の自分の成長が目指せるIT業界を志望しました」「単調なテスト業務ではなく、スキルアップを目指し転職」

ものづくりエンジニアから転職した人の傾向

ものづくりエンジニアの転職の傾向は、大きく分けて2つ。1つは現職で携わっている「もの」への愛着を起点にして、「製品化の上流へ行く」「より製品の使い手に近い場所に行く」といったケース。その場合は開発の根幹部門へ行くだけでなく、営業・企画など、幅広い選択肢が考えられます。職種が変わっても、エンジニアの基礎力として身についている「製品知識」「技術分野の知識」を生かした提案力は、大きな武器に。

もう1つは、ものづくり自体が好きで、「携わってみたい製品」がほかにできたパターン。その場合は業種をチェンジする転職になることもあります。業種を変えると、ニーズや産業の注目度によっては大幅な年収アップ・ダウンにつながる場合も。労働条件や今後の需要など、幅広い視点での転職先の検討が欠かせません。

メーカーや元請けへの転職は難しい？

ものづくりの現場では労働条件や待遇の改善が課題になりがち。よりよい待遇を求めて下請けから元請け（上流工程）へ、中小から大手へのキャリアアップ転職のニーズが根強くあります。こうした転職をかなえるための方法の1つに、現場での引き抜きなどを狙う方法があります。ただしその場合、自身の仕事を高いレベルで着実に行うことに加え、現場でコミュニケーションを積極的に取っていくことが必要に。きっかけを掴む意味合いだけでなく、上流工程に行けば行くほど「調整業務」が求められるため、コミュニケーションが必要となるからです。

一般的な転職活動で転職する場合は、実際に開発した製品、技術、プロジェクトマネージャーの経験など、実績をわかりやすく伝えられるものがあると強みになります。

06

医療福祉・保育

仕事内容・魅力

医療福祉の仕事は、病院やリハビリ施設、社会福祉施設などで患者や利用者の治療やリハビリ、健康維持・改善、生活サポートなどを行うことが主となります。保育の仕事では、子どもたちの健全な生活習慣や社会性の育成・健康管理などを行います。

いずれの領域も人の命や生活に大きく関わり、正しい知識に伴う高度な安全管理を求められるプロフェッショナル職です。人と会う仕事のため、直接感謝の言葉を伝えられることも。目の前の人を助ける、支える、成長を見守るだけでなく、社会全体のバックアップを務めるため、やりがいがあります。

得られているスキル

コミュニケーション力：利用者がなにを望んでいるのか、必要な手助けはなにかなどをコミュニケーションを通して引き出す力、要望を聞き出せる信頼関係を築く力などが身につきます。

資格や専門知識：仕事内容に応じて医師、看護師、薬剤師、臨床検査技師、理学療法士、介護福祉士、保育士などの資格や、職種に関連する専門知識が必要です。

臨機応変な対応力：複数の患者や利用者に目を配りながら、さまざまな仕事を進めるマルチタスク能力や、予測が難しい事象に対応していく力が鍛えられます。

職種ランキング（1～5位）
医療福祉・保育からの転職ランキング

1位 法人営業

「大学の専門分野の知識を生かせる仕事に」「商材が人材のため、在庫をもたず経営リスクが少ないと判断した」「苦手だった“話すこと”を克服しようと思い」

2位 一般事務・庶務

「PC スキルを伸ばしたいと思って」「事務職はさまざまな業務に携わることができ、必要なスキルが身につくのではと感じた」

3位 生活相談員・生活支援員

「支援の部分をできるだけ少なくし、自立を促すという理念に共感して」「もっと個人に寄り添う支援のほうが自分には合っていると思ったため」「社会福祉士の資格を生かせることに加え、福利厚生が充実していたため」

4位 介護・ヘルパー

「規模の大きい施設で働いていたが、もっと一人ひとりに寄り添った介護をしたくて」「新施設の立ち上げに関われるチャンスがあったので」

5位 保育士・幼稚園教諭

「代表者の掲げる教育理念に共感し、今の場所より質の高い保育ができることでストレスが減ると思った」「やっぱり子どもが好きだったから」

← 6～10位は次のページ

職種ランキング（6～10位）

6位　個人営業

「頑張った分、給与やキャリアアップという目に見える評価がある点に魅力を感じて」「保険営業で必要なライフプランや資産形成の知識は、自分の人生の役に立つため」

7位　児童相談員

「障がいをもったお子さんに関わる仕事に興味があったので」「子どもたち一人ひとりによりじっくり寄り添える仕事をしたくて」

8位　医療事務・医療秘書

「もっと患者さんとのふれ合いや貢献度を感じたかった」「現場への教育・指導経験が豊富だったことから」

9位　看護師・准看護師・保健師

「地域包括ケアもやっている病院で働くことで、スキルアップにつながると感じた」「夜勤や拘束時間の長さから家族ともすれ違いの生活が続いていたため、働きやすい環境を求めて」

10位　営業事務・営業アシスタント

「保育の仕事のなかで事務作業にいつも苦戦しており、このままではまずいと思った。PCスキルを高め、苦手を克服できる仕事に就きたかった」

こんな職種への転職も！

● ルートセールス・渉外・外商

「業界に思い入れがあるので、体力面で無理がなく、この業界で長く働けそうな仕事を選んだ」「やればやるだけ評価される環境面に惹かれて」

● 人材コーディネーター

「以前は、ソーシャルワーカーとして働いていましたが、もっと広い視野で医療に貢献したいと思い」「介護職で培った、人と関わるスキルを生かしたかったため」

● 受付

「看護師で培った経験・接客スキルを生かしたいと考えて」「会社理念に共感できる仕事を選んだ」

医療福祉・保育から転職した人の傾向

全体的に仕事のたいへんさを実感しつつも、目の前の患者や利用者をサポートする、頼りにされるという仕事のやりがいは「仕事探しの軸」として動かさず、勤務時間や休日など労働条件の改善を求めて転職する動きが多いようです。昨今は人手確保のため待遇改善に乗り出す企業も少しずつ増えており、同職種のままでも条件改善は求めやすい状況になりつつある傾向です。

ほかの職種への転職も、「人と話すのが好き」「人と話すスキルを必要とする仕事とマッチする」という傾向からか、人と話すことがメインの仕事への転職が目立ちます。自身のワーク・ライフバランスとやりがいの両立を目指すため、直接利用者をサポートする立場から介護機器の営業や人材コーディネーターを目指すなど、間接的にサポートする立場への転職という選択肢もあります。

年収をアップさせるには？

医療福祉・保育関連職は、年収が理由で転職を検討する人も少なくありません。思い切って平均年収が高い業種・職種にチェンジするという方法もありますが、同じ職種を続けたい場合は、求人情報のなかで「基本給」に加え「資格手当」や昇給・賞与の欄を特にチェックしてみてください。

すでに自分が持っている資格でいくら手当がもらえるのか、あるいはこれから取得を目指す資格はいくら分の手当になるのかは、年収だけでなくスキルアップや仕事自体のモチベーションにも関わります。主任など役職を目指す、住宅手当がある求人を探すという手もありますが、それぞれの手当金額も、院や施設によって違うもの。先輩職員の年収例や昇給条件なども参考に、転職後にギャップを感じないよう念入りに調べましょう。

07

ドライバー

仕事内容・魅力

乗り物を運転し、商品や乗客を目的地まで安全かつ効率的に運ぶ仕事です。一口にドライバーと言っても配送ドライバー、タクシードライバー、トラックドライバー、バスドライバーなど、運ぶもの（人）や運搬距離はさまざま。運転するだけでなく車両点検やメンテナンス、配送の場合は積み下ろしや管理なども仕事内容に含まれる場合もあります。

同じルートでも道路の混雑や天候など刻々と状況が変化するなかで着実に運搬・運行するには、経験と知識に裏付けられた判断力が求められ、人々の生活を支える使命感は、大きなやりがいとなります。

得られているスキル

運転技術・資格：指定ルート通りに運転するだけではなく、道路や天候の状況を細かくチェックしながら小さな判断を重ねていく必要があります。入社後に取得をバックアップしてくれる企業が多いため、普通二種免許や大型二種免許などの資格を役立てることができます。

コミュニケーション力：必ずしも予定通りとはいかないのがドライバーの仕事。それだけに、配送先に連絡して訪問順を調整したり、利用者の方が納得できるように丁寧に説明したりといったことが求められるため、鍛えられる部分です。

職種ランキング（1～5位）
ドライバーからの転職ランキング

1位
配送・宅配・セールスドライバー
「比較的交通量が少なく、間に合わない心配や渋滞のストレスがない夜間に働くことができるため。今は稼ぎたいので深夜手当がありがたい」

2位
運送ドライバー（中・長距離）
「積み込み作業は別の担当者がいる、体力的な負担が少ない職場へ」「大型ドライバーへのステップアップを目指せる環境があったため」「個人向け貨物から、配送量や繁忙期の波の少ない法人向け貨物へ」

3位
法人営業
「頑張り次第でどれだけでも稼げる環境に惹かれて」「車での移動が長い営業なら、ドライバースキルを生かせると思った」「スーツを着る仕事がしたかった」

4位
バス運転手・バス乗務員
「もともとトラックドライバーをしていたが、もっと大きな車が運転したいと思って」「高速バスは全国各地を運転するので、四季折々の風景を感じられて気分が最高！」

5位
タクシードライバー
「お客さまとふれ合い、会話をするところに魅力を感じて」「二種免許の取得支援をしてくれる会社があったので」「時間に縛られない働きかたができるので」「年齢を気にせず挑戦でき、長く働ける」

← 6～10位は次のページ

職種ランキング（6〜10位）

6位　ルートセールス・渉外・外商

「納品先とのコミュニケーションが好きだったので、物流ドライバーから営業へ」「より多くの方と関わり信頼関係を築くことができるから」

7位　個人営業

「人と接する仕事がしたかった」「頑張った分稼げるので、“やるかやらないか”の世界に飛び込みたかった」「新しいことをはじめたかった&未経験でも受け入れてもらえたので」

8位　工場生産・製造（輸送用機器・家電・電子機器系）

「決められたことを行うことは得意だったので、手順を大切にできるこの仕事を選びました」「毎日当たり前に家に帰ることができる環境で、自分や家族との時間を充実させたかったため」

9位　倉庫作業・管理

「家族との時間を大切にしたいとの思いから、残業が少なく休日が多い今の環境に転職」「フォークリフト作業だと、ドライバーよりも体力的な負担が少なく、これまでの経験が生かせるため」

10位　整備・メカニック

「クルマが好きでプライベートで修理をやってみたことも。もっといろんな車種にふれたり知識を深めたりできたら楽しいかと」「スキルを生かしながら、困っている人を助ける仕事をしたいと思って」

こんな職種への転職も！

● 設備管理（ガス・空調・上下水道等）

「人々の生活に必要なライフラインに関する、安定した仕事だったから」「“手に職”をつけて長く働けると思って」

● 物流企画・物流管理

「ドライバーの経験と知識を生かし、進行管理として業務に携わっています」「先々を考えて長く続けたいと思い、運行管理者資格を取得して転職」

● 設備工事（電気・通信）

「安定した業界であるという点に魅力を感じました」「ルーティンワークではなく、毎日変化を感じられる点に魅力を感じました」

ドライバーから転職した人の傾向

「運転・車両が好き」という声が目立ち、引き続き運転に関するスキルや経験を生かせる仕事を選択する人が多い傾向です。一見無関係に思える営業／ルートセールス／設備管理なども、一人で広範囲のエリアを担当する会社では、商談やデスクワークよりも車の中で過ごす時間のほうが圧倒的に長いというケースもあり、「経験」や「好き」を生かしやすい仕事といえるでしょう。

ステップアップのルートとしては、さまざまな配送を扱っている会社への転職、内部の研修制度を利用して大型車の免許取得へつなげる、労働環境やコンプライアンスが比較的整備されている上場企業への転職などが挙げられます。収入や休日、労働時間の長さや労働時間帯など、定年まで働くことも見据えてシビアに待遇面をチェックし、転職先を選んでいる様子もうかがえます。

ドライバーからの転職でギャップを感じやすいこと

「盲点のギャップ」になりやすいのはコミュニケーション量。特に長距離ドライバーなど、業務中は1人で運転している時間が圧倒的に多く、それが合っていた場合は、タクシー運転手やチームで動く引っ越しドライバー、ドライバー以外の職種においても、常にチームメンバーやお客さまと接触している仕事になることで、今までとは異なるストレスを感じるケースがあります。

逆もまた同様で、コミュニケーションの多い仕事から一人の時間が長い仕事に移ると、「話し相手がほしい」と孤独を感じる人も。転職のときは給料・休日などの待遇、運転免許など生かせるスキルに加えて、「顧客や同僚との関わりかた」にも注目して求人情報をチェックすると、転職後のギャップが少なく済みそうです。

08

企画・マーケティング／経営

仕事内容・魅力

企画・マーケティングの仕事は、商品・サービス開発のための市場調査やニーズ分析、広告やキャンペーン、販売戦略の提案などを行い、利益の最大化を目指します。一方で経営は、経営戦略の立案と実行、組織の運営と管理、財務の管理、そして将来の成長を見据えたビジネス計画の立案などを担当します。

どちらもアイデアや戦略をダイレクトに実行でき、自身が立案したものが会社や市場を大きく成長させる一手になったときは、大きな達成感があります。売り上げや話題性などから成果や手ごたえを実感しやすいのも魅力です。

得られているスキル

ニーズや実態の把握・分析：市場のニーズを正しく把握し、自社の強みと結びつけて戦略を立てる企画力や分析力が欠かせません。

巻き込む力：立案した商品・サービスは、営業販売部門の協力なしには市場に出せません。自分たちが描いた戦略やビジョンに共感させて「やってみよう」と思わせるだけの説得力、信頼関係が不可欠です。

変化をビジネスに結びつける力：人々の価値観の変化、IT化など、変化にいち早く気づいてビジネスに組み込む発想力が求められます。

職種ランキング（1～5位）
企画・マーケティングからの転職ランキング

1位 マーケティングリサーチ・分析

「ベンチャー企業で力を試してみたかった」「より社会貢献性の高い仕事を求めて」「PDCAのすべてのサイクルを自分で回せる環境を求めて」

2位 法人営業

「新規事業を作っていけるタイミングだったため」「完全在宅でプライベートも確保しやすい環境を求めて」「成果が収入に反映される仕事をしたかった」

3位 販促企画・営業企画

「より大きな企業で大きな規模の仕事ができることに惹かれて」「カテゴリーにとらわれない、幅広いプロデュースがしたかったため」

4位 商品企画・商品開発

「より商品カテゴリの制限なく企画ができることに魅力を感じて」「もっと自由に、自分のアイデアで勝負したいと思って」「ディレクションとサービス企画の両方に携わりたかったため」

5位 広告宣伝

「幅広い経験のできる環境を求めて」「自分のマーケティングスキルを伸ばしたかった」「全国規模で会社の重要な戦略に携われる環境に惹かれて」

← 6～10位は次のページ

職種ランキング（6〜10位）

6位 人事・労務・採用

「採用業務に興味をもったため」「未経験からスタートできる環境があったため」「将来的にも安心して働けそうだったから」

7位 システムエンジニア（アプリ設計／WEB・オープン・モバイル系）

「手に職をつけたいと思って転職を決意」「社内研修が充実し、IT 業界のなかでも希少性の高いスキルを手に入れられることに惹かれたため」

8位 個人営業

「お客さまと何世代にもわたってお付き合いが続く仕事に興味をもったため」「同年代がたくさん活躍していて、活気あふれる雰囲気に惹かれて」

9位 営業マネージャー

「事業戦略のおもしろさや成長性に惹かれて」「1人1人のお客さまと深いお付き合いをしたいと思い」

10位 ルートセールス・渉外・外商

「1人に任される仕事も裁量権も多く、自由に提案していける点が魅力的だったため」「拘束時間の長さを改善しようと転職」

こんな職種への転職も！

●編集・校正

「新しいコンテンツを創り出す仕事を手がけたくて」「自分たちでゼロから企画したかった」

●WEBショップ・ECサイト運営

「自分の仕掛けた案が売り上げに直結する楽しさを味わえるから」「経営に直結する業務に携わることで、数字に強くなれる」

●事業企画・事業プロデュース

「ゼロベースでビジネスをつくり上げていくことに魅力を感じました」「意思決定のスピード感に惹かれました」

企画・マーケティング／経営から転職した人の傾向

全体的に「自由さ」が1つのキーワードになっていますが、「働きかたの自由（テレワークなど）」と、施策実行に伴うフットワークの軽さや領域の幅広さなどの「仕事内容の自由」、2つの自由があります。そのなかで業界、サービス領域、ターゲット層など、それぞれの分野への深い理解を武器に「自身の経験をどう生かせるか」を吟味する「やりがい主軸」の傾向が見て取れます。

また、自身の立案をより着実に実行していくため、比較的承認フローの短いベンチャー企業への転職や、自身で立案だけでなく営業もする「企画営業」を検討する人も。施策案提出で終わらせるのではなく、実現まで漕ぎつけることのできる環境かどうかは、社風や社内の体制なども大きく関わるため、転職前によりリアルな情報収集が求められます。

自社のマーケターか、クライアント案件のマーケターか

マーケターの転職は大きく2つに分けられます。1つは商品やサービスの開発、提供などの事業を行う企業に転職する道。この場合、転職先の業種・顧客のプロフェッショナルとして、ブランディングから商品サービスが顧客の手に届くまで一貫して流れをつかみ、深く関わっていける一方、会社の事業範囲でしか挑戦できない面があります。

もう1つの道は広告代理店やコンサル企業でマーケティングをやっていく道。この場合はさまざまな企業のマーケティングを請け負い、幅広い経験を積める一方で、あくまでクライアントの意向が優先される点にもどかしさを感じる面も。いずれの道もto Bとto Cでは大きく異なるので、自身がどのような領域のマーケティングをやりたいのかじっくり考えることが必要です。

09

教師・講師・インストラクター

仕事内容・魅力

　授業やレッスンを通した知識やスキルの提供、学生や受講者の指導やサポート、授業や講義の準備などが主な仕事。勤務先やポジションによっては講師の育成や教室の運営（経営）など、仕事の領域をさまざまに広げていくことができます。

　仕事のやりがいは、なんといっても人の成長に立ち会えること。教えた生徒の「できた」の喜びの瞬間は、自身も大きな達成感を得られます。一人ひとりと深く向き合い、モチベーションを引き出すためにコミュニケーションスキルが身につき、教える立場として常に最新の情報を追うため、自己成長の機会が多いのもこの仕事の特徴です。

得られているスキル

伝える力：頭に入りやすい話しかたや説明のしかた、教材資料の作成力、集中力を持続させる講義構成力などが身につきます。伝える力は、さまざまな仕事で役に立つポータブルスキルです。

寄り添い力：改善ポイントを指摘できるだけの信頼関係を築き、モチベーションを維持しつづけるには、一人ひとりに合わせたアドバイスやサポートが不可欠です。

専門知識・資格：教育系、スポーツ系、OS系など、それぞれに必要な専門知識は必要不可欠です。担当領域によっては資格が必要なものもあります。

職種ランキング(1〜5位)
教師・講師・インストラクターからの転職ランキング

1位　営業・企画営業(法人向け)

「英語講師として経験を積んだ後、ビジネスの世界で英語を使いたいと考え転職」「もともと、営業の仕事に興味があった」「将来的な安定性を求めて転職を考えました」

2位　スクール運営・マネジメント

「生徒や保護者と関われる機会が多いスクール運営に興味があった」「前職の待遇に不満があり、安定した会社でキャリアを築きたかった」「指導方針に自由度がなく、裁量の大きい環境で運営全般に携わりたかった」

3位　講師

「集団型の教育ではなく個別指導型の教育を経験したいと思った」「英語を指導したかったので自分の成長のためにも転職を決意」「以前は学校教員だったが、生徒一人ひとりに合った指導のできる環境に惹かれて転職」

4位　営業・企画営業(個人向け)

「努力が報われる評価制度に魅力を感じた」「収入アップが目指せる」「自分の頑張り次第で給与につながる」「指導員時代よりも多くの人に接する仕事がしたかった」

5位　一般事務・庶務

「インストラクターとして給与やキャリアをアップできない環境に限界を感じ転職を決意」「教員の仕事は業務時間外にもやるべきことが多く、デスクワークに絞って転職を決めました」「コロナ禍で、異なる業種で働きたいと思い事務職を志望しました」

← 6〜10位は次のページ

職種ランキング（6～10位）

6位　ルートセールス・渉外・外商

「塾講師から、子どもたちが楽しめる教材を作って販売したいと思い転職しました」「結婚を機に生活リズムを改め安定した会社で働きたいと思った」「前職はボディケアトレーナー。『お客さまとの関係を築きながら、改善に向けた解決法を導き出す』という点が生かせると思ったため」

7位　営業事務・営業アシスタント

「ワーク・ライフバランスを重視したかった」「個人だけでなく法人の顧客と接する環境で働きたかった」

8位　スポーツインストラクター・トレーナー

「マシンの指導ではなく実際に体を動かしながら指導するところに惹かれて入社しました」「前職ではアルバイトだったので、社員として責任をもって仕事したいと思い転職」

9位　教師

「前職は運動指導員です。仕事は充実していましたが、成長段階の学生を指導したいという思いが強く、教師を志望しました」「前職がシフト勤務だったので、労働環境を改善したいと考え転職しました」

10位　団体職員

「学生時代から海外・国際協力に興味があったので、経験を生かして社会貢献できると思った」

こんな職種への転職も！

●販売・販売アドバイザー・売り場担当

「自分の頑張りが数字や評価でなかなか見えにくい環境だったから」「さらに広く店舗運営のキャリアを積みたいと考えたため」

●システムエンジニア（アプリ設計／WEB・オープン・モバイル系）

「プログラミングスクールの講師をしていたが、IT コンサルティングに興味を抱くようになり、転職を決意」「前職は塾講師。もともと大学で情報系学科を専攻していたので IT 関連の仕事に興味があった」

●編集・校正

「前職で多くのテストや教材にふれてきて、作る側に回りたいと考えたため」「塾講師としての英語力を生かせる翻訳という分野に興味があり転職した」

教師・講師・インストラクターから転職した人の傾向

教師・講師・インストラクターからの転職は、「人と関係を築く・話す」ことを軸にするケースが目立ちます。加えて、遅い時間や土日の勤務が多いことから、ワーク・ライフバランスを重視すると、個人ではなく企業が対象（to B）になる営業系職種や人事などオフィス拠点の仕事が選択肢として魅力的なようです。

一方で教材を作る編集・校正、学校職員・スクール運営など、教育の場そのものに関わる仕事へのスライドも。昨今は副業OKな企業も増えているため、運営業務で培った資料作成や事務処理スキルを生かして収入や休みが安定している事務職などに転職し、副業で個人講師やインストラクターを続けるケースも。成長への関わりかたや「教える」スキルを生かす方法は、さまざまなものが考えられます。

円満転職の秘訣は？

「教え子」をもつ仕事からの転職で特に難しいといわれるのは、転職のタイミング。とりわけ年度の途中やカリキュラム期間の途中での退職は、教え子に迷惑をかけてしまうと悩む方が多いのです。少しでも円満に退職するには、なるべく早く、1か月以上前（就業規則指定期間より前）に退職意向を上長に伝えることが大切です。

強みを生かせる仕事は？

現職での「生徒との関わりかた」の特徴を考え、それを生かせる仕事を選ぶのがおすすめ。長い付き合いのなかで相手の変化を読み取るのが得意なのか、すぐに距離を縮めることが得意なのか。コミュニケーション力やモチベーションを上げる力は、どんな仕事でも必要なポータブルスキルです。

10

接客・サービス

仕事内容・魅力

さまざまな販売・サービス提供シーンのなかで顧客対応を行う仕事です。業種やポジションによっては店舗運営を兼ね、シフトや在庫管理、スタッフ教育を行います。売り上げ目標への計画や、キャンペーンやプロモーションの起案など、販促企画を行うケースも。

お客さま対応はホスピタリティや機転などの対応力が評価される部分でもあり、自身の応対に感謝の言葉をいただけるのが、いちばんのやりがいです。また、さまざまな年代、ニーズのお客さまと話すことで気づきを得る機会が多く、多岐にわたる店舗運営の業務を通して自身の成長を感じる喜びも、魅力の1つです。

得られているスキル

コミュニケーション力：ホスピタリティをもって接する力に加え、相手が求めていることに対して的確な対応をしていくスキルも身につきます。

商品・サービスの専門知識：顧客に商品の魅力を伝え、納得して購入していただくためには、扱う商品に関する細かな知識も必要です。

運用スキル：情報量やスキルなどの質を維持することに加え、チーム連携やマニュアルの作成・改善、スタッフ教育など、さまざまな工夫が求められます。

職種ランキング（1〜5位）

接客・サービスからの転職ランキング

1位

営業・企画営業（法人向け）

「元美容師の知識を生かせる美容業界の営業の仕事を志望しました」「やればやっただけ給与に反映される環境に惹かれました」「インテリアに携わる仕事をしていたので、経験が生かせると思い転職を決意」

2位

営業・企画営業（個人向け）

「もっと長く人と関われる仕事に就きたかった」「自分の努力が数字に表れることに達成感を覚える」「結婚を機に、パートナーと同じ土日休みにしたかった」

3位

販売・販売アドバイザー・売り場担当

「前職では雑務が多く接客に集中できなかったので、お客さまに対してよりよい接客ができると思い転職した」「前職よりも、上質な接客を経験したかった」「アイウェアだけに留まらず、好きな洋服を含めてファッション全般を提案したかった」

4位

一般事務・庶務

「接客業で磨いた対人スキルや語学力を、安定した職場で生かしたかった」「もともと商業系の学校を出ていて、PCを使う仕事が得意と思ったので」「立ち仕事が多くてシフトも不規則で、長く続けられる事務職を探していた」

5位

ルートセールス・渉外・外商

「仕事が不規則だったので、土日にしっかり休める仕事を探していた」「自分の仕事の成果を収入アップに直結させたかった」「来店型で接客・販売するのではなく、自ら行動できる営業職に興味があった」

← 6〜10位は次のページ

職種ランキング（6〜10位）

6位　店長・店長候補（フード・アミューズメント系）

「昇進が望めなかったため転職を決意」「自分一人の接客でなく、店舗のスタッフとみんなでお店を作り上げていきたかった」「接客スキルを生かし、キャリアチェンジした」

7位　営業事務・営業アシスタント

「オフィスワークははじめてだが、ホテル業界の知識を生かせると思い転職しました」「前職は退社時間も遅かったため、自分の時間を大切にできる会社を探していた」「内勤でありながらアクティブに活躍できる仕事だと思い、営業事務を志望した」

8位　店長・店長候補（小売・流通系）

「一から店舗運営に関われるやりがい」「もとは美容師だったが、衣食住に関わる仕事がしたいと思った」「もとからブランドや商品のファンだった」

9位　人材コーディネーター

「歯科助手の経験をもとに、専門知識を身につけて人の役に立てる仕事がしたかった」「もともと人と接することが好きだったので、人材業界に興味をもったことが転職のきっかけ」

10位　内勤営業・カウンターセールス

「自分の接客力を生かし、もっと成長したいという思いから営業を選びました」「規則的な勤務形態と安定した収入を求めて転職」「“来店型”というニーズありきの営業スタイルに魅力を感じ、接客経験を生かしたいと思った」

こんな職種への転職も！

●ホールスタッフ

「以前はコンビニスタッフをしていて、引き続き人とお話ができる仕事をしたいと思い飲食店へ」「個人経営の店から、安定した職場で働きたいと考えて大手へ転職」

●配送・宅配・セールスドライバー

「人見知りな性格だったので、一人でのびのび働きたくて転職」「“食”に携わりながら今までと違うことをやりたかった」「頑張った分だけ収入に返ってくる業界なので」

●受付

「憧れの丸の内で受付の仕事がしたくて、アパレル販売員から転職」「前職は接客業だったので、内勤も経験したく受付の仕事に興味をもったため」

接客・サービスから転職した人の傾向

接客・サービスからの転職は「人と話すのが好き」「人に喜んでもらうのが好き」という軸をもとに、より深い接客ができる仕事へ転職したり、「好き」と待遇や休日などの働きかたを両立しやすい企業向け（to B）の営業関連職にスライドしたりというケースが目立ちます。

また、扱っていたサービスや商品を軸にしつつ、関わりかたを変えて営業やドライバーなどほかの職種へ転職するケースも。そのような場合は接客で培ったコミュニケーション力だけでなく、商品知識やターゲットへの深い理解などが強みになるケースもあります。一般事務や営業事務など、未経験でも挑戦しやすいオフィスワーク職への転職は競争率が高いため、語学力や、店舗運用の業務のなかでの事務作業経験・PCスキルでアピールできるものがないか、考えてみましょう。

「自己PRに書けるものがない」と思っていませんか？

接客・サービス業の方の転職活動でよく耳にする悩みの1つに、「アピールできるスキルがない」というものがあります。とはいえ「人と話す」というのは、どんな職業においても欠かすことができないポータブルスキル。特に「相手の要望を深掘りし、最適な解決策を提案し納得いただく」というスキルは重宝されます。

加えて顧客層に共通点がある転職先を選んだ場合、「年配のお客さまのニーズや思考を把握している」など、ターゲットへの理解をアピールするのも1つの方法。また、接客のなかでリピート客をつかむためにどのような工夫をし、どのような結果につながったのか、という「試行錯誤エピソード」も、課題感をもち、創意工夫していく姿勢をアピールすることができます。

11 クリエイティブ

仕事内容・魅力

広告・映像・WEB・商品・イベントなどの専門スキルを生かした制作を担うだけでなく、クライアントの求める結果を出すための広告・デザイン企画や、さまざまな人が関わるプロジェクトのディレクションなども担当する仕事です。たとえば広告であれば印刷物・WEB・映像など、領域も多岐にわたります。

やりがいはなんといっても、自分のアイデアから生み出されたものが多くの人々に届くこと。市場の変化を吸収しながら常に新しいことにチャレンジしていくおもしろさや、自己成長の実感もこの仕事の醍醐味です。

得られているスキル

発想力：クライアントの先にいるユーザーのニーズを把握し、どうすれば心に届き、行動を起こしてもらえるかを考えながら、新たなものを生み出す力が必要です。

制作に関する専門知識：最適なフローで企画や制作を進めるためには、担当領域ごとに多くの専門知識が必要になることに加え、プロジェクトを管理する力が不可欠です。

コンセンサスを得る力：人によって感じかたが違うからこそ、意見をすり合わせ、クライアントや関係者の合意に向けて進めていくコミュニケーション力が求められます。

職種ランキング（1〜5位）

クリエイティブからの転職ランキング

1位

グラフィックデザイナー・CGデザイナー・イラストレーター（広告系）

「前職ではかなわなかったスキル向上や多様なデザイン経験を積める環境を求めて」「キャラクターグッズなど自分が興味をもつ分野に関わりたかった」

2位

法人営業

「自分で裁量を持って挑戦できる環境や事業の成長性を感じて」「コミュニケーション不足や、個人での仕事に飽きていたので」「営業という新しい仕事でのスキルや経験を得たかった」

3位

WEBショップ・ECサイト運営

「自身のスキルや経験を生かすだけでなく、これまでとは異なる業界や分野にチャレンジしたかった」「自身が好きなブランドや商品に関わりたかった」

4位

WEBデザイナー

「残業が今より少なく、地元での仕事を求めていた」「インハウスデザイナーとしての活躍や成長を目指したかったので」「副業もOKなど自由な働きかたに魅力を感じて」

5位

プロデューサー・ディレクター・進行管理（編集・制作系）

「音楽業界から出版業界へ、新たな挑戦を求めて」「デザイナーから制作進行という新しいキャリアを切り開けたから」「面接での印象や会社の社風がよく、人材育成への期待が感じられた」

← 6〜10位は次のページ

職種ランキング（6～10位）

6位　編集・校正

「前職は医学書のみ扱う会社だったので、もっと幅広い読者に役立つ情報を編集者として提供したかった」「紙媒体を手掛けていたがWEBメディアへキャリアを広げたかった」

7位　WEBプロデューサー・ディレクター

「WEBサイトの立ち上げから関わり全体を俯瞰できる立場に魅力を感じた」「ディレクションや制作、運営など多岐にわたる業務に携わりたかった」

8位　プロデューサー・ディレクター・プランナー・演出

「自身の趣味や興味を生かしたエンタメ業界に携わりたかった」「先進的な事業や新しい取り組みに参加できるビジネスに魅力を感じた」「イベント運営や動画配信など幅広い経験が積める環境が魅力」

9位　WEBコンテンツ企画・制作

「実務未経験者だったが意欲を汲んでくれた」「副業のアフィリエイトサイト運営を本業にしたかった」「電子書籍サービスに携われる点に魅力を感じて」

10位　一般事務・庶務

「残業の減少やプライベートを大事にできる環境を求めていた」「業績が安定し、ニーズのある業界で働きたかった」「ECサイト運営の経験を生かして、ITに強い事務として活躍」

こんな職種への転職も！

●システムエンジニア（アプリ設計／WEB・オープン・モバイル系）

「初心者でも技術力を身につけられると伺い、未経験から挑戦できた」「業務でExcelを使っていたのがIT業界への興味のきっかけ」

●販促企画・営業企画

「デザインだけでなく、プロモーションの企画から関わることができる点に魅力を感じた」「広報にも携わることで仕事の幅が広がりそうだと思い転職」

●ルートセールス・渉外・外商

「商社で働きたいという憧れを、営業未経験から叶えられた」「技術スキルを生かしつつ営業に挑戦したいという両方を満たすことができた」

クリエイティブから転職した人の傾向

いずれの転職も、もともと仕事で携わっているものへ「もっと深く関わりたい」「より多くの人に見てもらえるクリエイティブや、トレンドに敏感なところで挑戦したい」など、それまでのスキルや領域への愛着を感じさせる転職が目立ちます。そのなかで、引き続きクリエイティブ職を続けるほか、ECサイトや営業・企画など「つくる側」から「プロジェクトを立てる」「届ける側」へ移行するという動きも。

クリエイティブ職は長時間労働の常態化や、先行きが不安定な企業もあり、好きだからこそ「長く働ける環境」を求めるという動きも見られます。ただし、仕事のやりがいに直結する「納得できる仕事や案件ができるか」は、組織体制・企業の過去実績が大きく影響するため、転職時は待遇だけでなく、一緒に働く人の考えを深く理解することが重要です。

ディレクションと実作業の比率に注目？

クリエイティブの仕事は「どんなターゲットになに（媒体など）を使ってどう伝えるか」に加えて、実際に自分で手を動かして制作したいのか、ディレクションをメインで行いたいのかも「合う・合わない」に大きく影響します。会社選びの際は、過去にその会社が手掛けた制作物をチェックするだけでなく、企画段階から手掛けているかなど、どのような立場で関わったのかも必ず確認を。

また、昨今は副業可能な企業も増えているため、ディレクション中心の企業を勤務先として選び、趣味を兼ねて副業として実際に手を動かす制作をやるという人もいます。ほかには、いつかクリエイターとして独立することを見据え、人脈やマネタイズノウハウを学べる企業を選ぶという選択肢もあります。多様な働きかたが可能な職種だからこそ、広い目線で検討するといいでしょう。

12

施工管理

仕事内容・魅力

建設工事の現場責任者として技術者を監督し、品質を担保しながら工程通りに進んでいるか管理し、建築物や街並み、インフラをつくる仕事です。予算や完成イメージに合わせて工事計画を策定し、必要な資材や労働力を調達するなど、多岐にわたる工程に携わります。

やりがいを感じるのは、なんといっても施工物が完成し、利用されているのを目にしたとき。人々の記憶に残る街並みをつくっているという実感を得られます。2つとして同じ現場がなく、職人や施工主など、さまざまな人と協力し合うことで、学びと成長を日々感じられるのも魅力。

得られているスキル

プロジェクト管理スキル：タイムマネジメントやリソース配分、進捗管理など、常に完成へのロードマップを脳裏に描き、俯瞰しながら進めていくスキルが求められます。マルチタスクで物事を考え、着実にプロジェクトを推進していけるようになります。

安全管理スキル：人の命が関わる現場なので、リスクを事前に考え、排除していく高い危機管理能力が身につきます。

問題解決能力：資材や人員の不足や遅れ、天候問題など、現場にはトラブルがつきもの。その都度、適切に対処していく力が求められます。

職種ランキング（1〜5位）
施工管理からの転職ランキング

1位 **建築施工管理・工事監理者**

「Uターンしたいという希望から地域密着型の企業に転職」「前職は分業制ではなかったため、プロフェッショナルとして施工管理に専念したかった」「お客さまと距離が近い分野の建築物に携わりたかった」

2位 **土木施工管理・工事監理者**

「これまでの経験を生かし、より待遇面の良い企業を選択」「長時間労働や残業が多く、自分の時間を大切にしたいという理由から」「一般的な土木の他に橋梁補修という珍しい仕事も経験できる点に惹かれた」

3位 **内装施工管理・工事監理者**

「幅広くではなく水回りや家具という専門分野で深い知識を得たかった」「リフォーム業界のニーズの高さを考え、内装施工管理の道を選択」

4位 **法人営業**

「元請けとしてお客さまのニーズに沿った提案をする営業に挑戦したかった」「頑張った分だけ評価され、しっかり稼げる仕事がしたかった」「もともと営業に近い業務も行っており、本格的にキャリアチェンジを選択」

5位 **電気設備施工管理・工事監理者**

「下請けから元請けへのキャリアチェンジを目指して転職」「電気・再生可能エネルギーといったこれからの時代に必要とされる仕事を求めて」「保守・メンテナンス対応も兼務していたが施工管理に専念したかった」

← 6〜10位は次のページ

職種ランキング（6〜10位）

6位 ルートセールス・渉外・外商

「営業未経験でも大丈夫なように研修制度が整っていたのがよかった」「建築資材分野の会社で、営業として商品の魅力を伝えたいと思った」「地域貢献のできる、人の役に立つ仕事がしたかった」

7位 個人営業

「頑張った分だけ収入アップという環境に惹かれた」「人と関わるのが好きで、地域密着のカーディーラーへ転職」「自由な社風で、結果さえ出せば厳しく管理されないワークスタイルがよかった」

8位 設備管理（ガス・空調・上下水道等）

「資格取得をサポートしてくれる体制に惹かれた」「前職が建築系で、その知識を生かしてキャリアチェンジ」

9位 建築設計

「新卒入社では施工管理配属だったが、ずっと設計職に憧れていた」「ゼロから建物を創造し、作り上げていくことにおもしろさや魅力を感じた」

10位 管工事施工管理・工事監理者

「鉄道という生活に欠かせないインフラを支えているやりがいが大きい」「自由度高く現場を任せてもらえるのがやりやすい」

こんな職種への転職も！

設備保全・メンテナンス

「景気の波による業績変動が激しい世界から安定した環境へ」「デスクワークだけでなく工事の現場に行く機会もあるのがよかった」

建設コンサルタント

「“ハード面”のものづくりから“ソフト面”の構築に携われる仕事にシフト」「第三者目線から多種多様なコンサルティングに携われることが魅力」

土木・建築・解体工事

「管理業務をしているうちに、施工の方が向いているということに気づいた」「前職は接客業務が多い点がネックだったので、技術者として特化できた」

施工管理から転職した人の傾向

施工管理は同業界、類似職種の仕事に転職するケースが多く、そのなかでも「なにをつくりたいか」「どのエリアに特化したいか」「どのフェーズで関わりたいか」など、より自分の関わりたいものへと特化していく動きが目立ちます。

労働時間や休日など、労働条件の改善を求めての転職も少なくありません。業界全体としても労働環境改善は長年の課題でしたが、昨今の人手不足の波を受け、優秀な人材確保のために待遇改善を実施している企業も見られるようになってきました。「スキルの生かしどころ」「やりがい」を妥協せずに、より自分に合った働きかたを求める転職への追い風は、今後もしばらく続くと考えられています。

他職種では、営業・ルートセールスなど、現場に不可欠なコミュニケーション力を生かす転職先が多い傾向が見られます。

施工管理の現場は変わりつつある?

長時間労働などの課題を長く指摘されがちな職種ではありましたが、ドローンやチャットツールの導入など、IT化を進めている会社も出はじめています。適切な労働範囲へと現場の労働環境の改善を期待する声は、少なくないようです。

施工管理は、なくならない仕事?

IT化で社会が変容しつつあり、今ある仕事の何割かはAIなどに取って代わられるといわれ、「10年後、20年後、今の仕事で食べていけるのか」と不安を抱く人も少なくありません。そのなかで、施工管理は複雑な工程管理や対人交渉などが必要で、比較的代替が難しい職業といわれます。加えて、社会インフラを担うため、ニーズが途切れないという強みも。せっかく身につけた経験やスキルをどう生かすか、長い目線で考えてみましょう。

13

設計（建築・土木）

仕事内容・魅力

建築設計は建築物や設備の意匠・構造・設備の設計、土木設計は道路・ダム・トンネルなどのインフラの設計を行う仕事です。図面の作成を行うにあたっては、クライアントやプロジェクト関係者とのヒアリングで要望や要件を聞き出し、いかに規制の範囲内で理想を形にしていくか、調整やコミュニケーションが鍵に。

自分のアイデアや創造性を生かせることもこの仕事の醍醐味。多様なプロジェクトのなかで知識やスキルが向上し、日々成長している実感が得られます。建築物やインフラが形になり、人々に役立っているシーンを目にしたときは、喜びもひとしおです。

得られているスキル

技術スキル：CADやその他の設計ツールを使用するスキルや、建築構造や力学などの知識。担当領域によっては、建築士資格が必要です。
新たなものを生み出す発想力：構想段階から入る仕事もあり、細かな部分であっても工夫をこらすなどの発想力が役立ちます。
問題解決力：プロジェクトを遂行していくなかで、各所の要望をまとめ、落としどころを見つけ、期限までに完成させるという調整力に加え、課題となる部分を柔軟な発想でクリアしていく問題解決力が身につきます。

職種ランキング（1～5位）

設計（建築・土木）からの転職ランキング

1位

建築設計

「国の補助事業を行っているため経営基盤が安定していた」「地域に根ざし、住まいを手広く手がけている点に魅力を感じ、転職を決意」「フレックスタイム制、リモートワークができることが決め手に」

2位

土木設計

「自然災害のニュースを目にし、土木設計として社会に貢献したいと考えた」「限られた業務範囲ではなく、幅広く大きな仕事に携わりたかった」「橋の補修設計のスキルを伸ばしたいと思い転職」

3位

CADオペレーター（建築）・製図

「派遣で培った経験をもとに建設会社に正社員として転職することができた」「施工管理の人たちを見ていて現場の仕事を支えたいと考えるようになった」「CADやBIMの奥深さとおもしろさに気づき、専門技術を磨きたくなった」

4位

法人営業

「家族のためにもっと稼ぎたくて。年収200万円以上アップできた」「空調関連機器の需要を感じ、営業未経験だったが知識を生かして転職」「年功序列ではなく実力主義の仕事に挑戦したかった」

5位

建築施工管理・工事監理者

「あらためて現場をイチから経験したかった」「分譲住宅の企画・造成・外構工事など、すべてに関われる点に魅力を感じた」「施工事例などを見て、こんなおしゃれな空間づくりに携わりたいと思ったため」

← 6～10位は次のページ

職種ランキング（6〜10位）

6位 建設コンサルタント

「CADオペレーターの経験を生かしスキルアップを実現したかった」「経験豊富な中途採用者が多く、自分も成長できると感じた」「顧客利益を優先し、技術向上に力を入れてきた企業姿勢が魅力的だった」

7位 積算

「建築に関する知識を生かし、未経験から積算のキャリアをスタート」「内装の中でも構造部分に関心があるため向いていると思った」

8位 個人営業

「取得した資格を生かして収入を伸ばすことを考えキャリアチェンジ」「お客さまの声を直接聞ける仕事を求めて転職を決意」

9位 工場生産・製造（輸送用機器・家電・電子機器系）

「デスクワークからものづくりの結果を自分の目で確かめられる仕事に変えたかった」「自分が設計した設備が完成するまでを見られる喜びがある」

10位 機械・機構設計（工作機械・ロボット・機械系）

「電気や油圧の知識を身につけ幅広い設計技術を得たかった」「営業と設計を兼務していたが設計に集中できる環境を求めて」「大手メーカーの機械部品の設計に携われることに魅力を感じた」

こんな職種への転職も！

●空間・ディスプレイ・店舗デザイナー

「商業空間の内装設計なら、もっとデザイン性・自由度の高い仕事ができると思った」「前職は数をこなすことが重要だったので、今は逆のワークスタイル」

●電気設備設計

「基地局の設計は未経験だったが、やる気を評価してもらい入社」「住宅の電気配線図を描くうちに、設備設計に興味をもつように」

●測量

「インフラ系の仕事に魅力を感じ、CAD経験を生かしたいと思い転職」「工事の流れや測量に関する基礎知識を生かして手に職をつけたかった」

設計（建築・土木）から転職した人の傾向

設計からの転職は、さまざまな業務を経験するなかで「なにをつくりたいか」が明確になり、それを実現しうる環境・企業への転職とつながっていく場合が多いようです。「社会を支えるものをつくりたい」「おしゃれなものをつくりたい」など、自分がどんなプロジェクトに関わったときに大きな達成感を得られたのかを振り返り、プロダクトだけでなく「ものづくりへの理念がマッチする」企業を探していくことがポイントになります。

また、ワーク・ライフバランスや収入アップなど、待遇改善を求めて転職する人も一定数います。ただし待遇については、残業時間・年収・キャリアアップや昇給の可能性・テレワークの有無など、さまざまな条件があるので、自身のなかで優先順位をしっかりつけておきましょう。

転職後に「イメージと違った」とならないためには？

設計の転職で「イメージと違った」とならないために事前に確認しておきたい点の1つ目は、募集されている仕事の「業務範囲」をきちんと確認しておくこと。自分の手を動かすことがメインなのか、実際は外注が多くその管理が主になるのか、扱うプロダクトはどんなジャンルが多いのか、自分が転職したら1日をどのように過ごすことになるのかを想像してすり合わせをしておくと、ギャップを防ぎやすいといわれています。

また設計は技術職なので、人事担当だけでは生かせるスキルや希望する仕事のずれに気づきにくい面も。履歴書にはスキルや使用ソフトだけでなく「なにをやっていたか」まで書くこと、面接など実際に配属部署の人と話せる機会に具体的な業務イメージを聞くことも忘れずに。

14

工場生産・製造

仕事内容・魅力

生産ラインで自動車・食品・工業機械などの製品を生産するための機械操作・装置の設定・生産プロセスの監視などを行う仕事です。製品の品質を守るための検査やテストなども実施。安全基準や規制に従い、着実に業務を遂行することが求められます。

製品が完成されていくのを目の当たりにするとき、仕事のやりがいを感じるという人も。チームメンバーや前後の工程の関係者など、さまざまな人への気遣いが、工程のスムーズ化に生きてきます。好きなものに関われる、生産プロセスや機械操作など幅広い知識が身につくのも魅力です。

得られているスキル

安全配慮の知識：製造現場での「規制・運用ルール」には、効率的にリスクを減らし安全に運用していくための知見がつまっています。リスクの予見やミスの防止は、生産現場に限らず、あらゆる職場で求められる大事な原則です。

機械操作のスキル：なにかしらの機械操作の経験は扱う製品が変わっても求められることが多い、汎用性の高いスキルです。

着実に運用していく力：同じクオリティを維持していくためには、常に丁寧に対応し、製造に関わるフローを着実に積み重ねることで、ミスのない安定した運用につながります。

職種ランキング（1〜5位）
工場生産・製造からの転職ランキング

1位　工場生産・製造（輸送用機器・家電・電子機器系）

「技術力が高い会社でもっと複雑な製造に携わりたかった」「仕事そのものは向いていたが、日勤のみの働きかたに変えたかったので。今は仕事内容も働きかたも合っていると思う」

2位　法人営業

「収入面を重視していたので、頑張った対価が目に見える住宅営業に挑戦」「研修制度が整っていた」「同じ商品を扱う仕事でも、もう少しユーザーに近い場所の仕事をしたかった」

3位　工場生産・製造（食品・化粧品・医薬品系）

「好きな化粧品に関われることと新拠点での採用だったことが決め手に」「医薬品を扱っているので将来的にも安定していると思った」「24時間、365日稼働の工場だったため、働きかたを変えたかった」

4位　倉庫作業・管理

「景気に影響されにくい安定性と会社の可能性に魅力を感じて」「陰ながら社会を支えている医薬品の輸送管理に憧れがあった」「完全週休2日制で残業も月10時間程度と、労働環境が大きく改善」

5位　個人営業

「収入面に満足できず、稼げるイメージの営業職の道へ」「好きな車により深く関わりたくて、製造から営業にキャリアチェンジ」「ありがとうと感謝の言葉を直接言っていただけることがうれしい」

← 6〜10位は次のページ

職種ランキング(6〜10位)

6位 設備管理(ガス・空調・上下水道等)

「工具を扱う経験を生かして興味ある業界にチャレンジ」「休日出勤が頻繁にあったため、メリハリのある働きかたを実現したかった」「知識やスキルは入社後に教えてもらえるという安心感が大きかった」

7位 ルートセールス・渉外・外商

「お客さまにもっと機械設備のよさを伝える仕事を求めて」「レーシングカーに関われる環境に魅力を感じた」「人とコミュニケーションをとるのが好きで、新しいことに挑戦したかった」

8位 配送・宅配・セールスドライバー

「運転が好きで大型トラックへの憧れもあり転職を決意」「今後ますます必要とされる職種のため」「実務未経験だったが、4トントラックの運転をたっぷり練習させてもらえた」

9位 設備工事(電気・通信)

「公共性のある通信インフラに携われることが大きな魅力だった」「資格をとって手に職をつけたほうが安定すると考えたため」「夜勤がなく休日もしっかり取得できる仕事だったことが決め手に」

10位 工場生産・製造(アパレル・ファッション・その他製品)

「印刷機やCAD/CAMなど最先端機器を駆使して新たなものづくりに挑戦できる環境に惹かれた」「日勤のみの働きかたと格安で住める社員寮が魅力だった」

こんな職種への転職も!

● 土木・建築・解体工事

「多くの人の目に留まり、その心を動かすことができるやりがいが大きい」「外で働きたかったというのが一番大きな理由」

● 整備・メカニック

「車の部品製造に関わっていたので、経験が生かせるところも多かった」「ルーティンワークが多かったので、もっと刺激のある仕事を求めて」

● システムエンジニア(アプリ設計/WEB・オープン・モバイル系)

「時代に合ったテレワークでの働きかたと将来性の点から、IT業界への転職を決めた」「未経験OKで、徐々に勉強していけばよかった点がありがたかった」

工場生産・製造から転職した人の傾向

製造系職種の知見を生かしたキャリアチェンジとしては2つの軸が考えられます。1つは扱う「モノ」はそのままで、営業や設備管理系・メカニックなど、工場の生産ラインからよりユーザーに近い部分で扱う仕事へと移ること。この場合、商材に対する知識の豊富さが強みとして生きることになります。営業のような一見まったく異なる仕事へキャリアチェンジする際も、「モノ」の共通点があるだけで、なじみやすさはまったく異なるはずです。

もう1つの軸は、「運用」「保守」などマニュアルで決まっているものを正しく実行していくという「業務の性質」が共通する仕事への転職。システムエンジニアや建築、倉庫作業など、どのようなときにリスクやトラブルが発生するかという予測の考えかたは、生かせるポイントになります。

製造業からの転職、実績はどう書く？

製造業からの転職でよく聞く悩みは、履歴書や面接で実績をアピールしにくいというところ。日ごろの業務目標はチームやラインごとに設定され、個人の実績が見えづらい人もいるでしょう。

そんな場合は「目標達成」だけでなく、「改善」にもぜひ目を向けてみてください。「工程を減らせた」「ミスが減った」「意見を出し合える雰囲気になった」など小さなことでも、問題点に対し自分がどう考え、行動し、どのような結果につながったのかは採用企業が知りたい部分です。

また「作業の正確性」「ミスの少なさ」など、今の職場では当たり前でも、ほかの職場では重宝される強みになるものもあります。求人情報の「求める人物像」の欄を見て、自分に当てはまるものがないか探してアピールしましょう。

15

整備・メカニック

仕事内容・魅力

メカニック職の仕事は、乗り物や各種機械の点検・整備を行うもので、自動車、バイク、鉄道、飛行機、建設機械など幅広い活躍の場があります。自動車などのメカニック職は、点検後に故障箇所を修理することが主な業務となりますが、お客さまへの整備内容の説明や車両の引き渡し、出張整備などに対応することもあります。

この仕事の魅力は、最新の専門知識や技術を習得するなど、経験を重ねて自分の成長を感じられることや、利用者の安全を守ることで感謝されることもやりがいになります。また、好きなメーカーや車種に携われるといったおもしろさがあります。

得られているスキル

機械や車に関する専門知識：不具合の原因を解明して最適な修理方法で対応するための専門知識や、新たな技術に対応していく力が身についています。

コミュニケーション力：お客さまになぜ修理が必要であるかを説明する力が求められます。知識がない人にもわかりやすく伝える必要があるため、コミュニケーション力が鍛えられるといえます。

自動車整備士資格などの資格：資格がなくてもできる整備職もあるため、未経験領域の業務でも信頼される傾向があります。

職種ランキング（1～5位）
整備・メカニックからの転職ランキング

1位　整備・メカニック

「もっと幅広い車種の整備を経験したかったので」「安定性のある会社で働きたかった」「土日祝休みではなかったので、家族との時間をつくりたかった」

2位　法人営業

「自動車の知識を生かした営業になりたかった」「お客さまと接するうちに、人と会話する仕事がいいと思った」「ルート営業なら未経験でも安心だと思った」

3位　工場生産・製造（輸送用機器・家電・電子機器系）

「ものづくりのおもしろさを実感できる環境を求めていたため」「技術者としてよりスケールの大きな舞台で活躍したい」

4位　個人営業

「営業は給与もよく、キャリアアップもしやすいイメージがある」「作業のくり返しではなく、評価される環境にいきたかった」

5位　設備管理（ガス・空調・上下水道等）

「機械を保全する業務の流れが、自動車整備士と似ていたため」「今まで培った技術を生かしたい」「安定性・将来性のある会社で働きたかった」

← 6～10位は次のページ

職種ランキング（6～10位）

6位　サービスエンジニア・サポートエンジニア（自動車・輸送用機器系）

「より高度な技術を身につけたかった」「ほかの機械の整備にも挑戦したいと思った」「困っている方を助けられる仕事に魅力を感じました」

7位　設備工事（電気・通信）

「生活インフラに関わるので安定感は抜群」「もっと生活リズムを保てる環境に移りたかった」

8位　配送・宅配・セールスドライバー

「運転も身体を動かすことも好きだったので」「コミュニケーションを取ることが好きだった」「給与面なども重視し、生活を安定させたかった」

9位　内勤営業・カウンターセールス

「単調な作業のくり返しの環境を変えたかった」「もっと広く深くお客さまのサポートがしたかった」

10位　システムエンジニア（アプリ設計／WEB・オープン・モバイル系）

「将来性のあるIT業界に未経験からチャレンジできる環境があった」「もともとITに興味があり、プログラミングが趣味だった」

こんな職種への転職も！

●販売・接客・売り場担当

「自動車に関わる仕事で、さまざまな作業や商談ができることに魅力を感じました」

●土木・建築・解体工事

「大型ダンプにずっと憧れがあったから」「ものづくりが好きなので。街の活性化に貢献できるのもおもしろそうだと思いました」

●工場生産・製造（食品・化粧品・医薬品系）

「機械オペレーターも工具類を使うので、自分の経験や好きなことを生かせると考えました」「正直に言うと、給料がよかったからです」

整備・メカニックから転職した人の傾向

スキルをある程度身につけたあとは、より高度な技術や新たなスキルを求め、多様な機械やサービスに携わりたいと望むことに加え、土日が休みでない労働環境や待遇面に関する将来への不安から、転職する方が多い傾向があります。

また、一定の作業をくり返すことに不満を感じたり、成果が給与に反映されないと、やりがいを失ってしまうことがあるようです。

環境面以外での転職傾向としては、整備や機械の知識を生かして新しいことに挑戦したいと考える方や、人と関わる仕事で今まで培ってきた専門知識とコミュニケーション力を生かす方も多いといえます。

変化を求める転職で留意したいことは？

整備士からの転職理由で多いのは「同じことのくり返し」から脱却したいというもの。この場合、まったくの異業種、異職種に転職するケースも少なくありませんが、「なにもかもがはじめて」はやはり負荷が大きいもの。転職先を選ぶときは「少しでも共通点があるか」を意識すると、入社後のギャップを少なくすることができます。たとえば、接客や販売に転職するなら車用品を扱っている店など。ドライバー、車用品やメーカーの営業、自動車学校など車に関わる仕事や、緻密性や正確性、安全意識を生かせる製造系の職種など、職業倫理として求められるものが似ている仕事もなじみやすいでしょう。新たに扱う「モノ」自体への知識がなくても、「精密さ」への意識と工夫などは、選考の場ではアピールの材料になります。

Chapter 3

キャリアタイプと業種・職種は関連する

3つのキャリアタイプ

「自分の可能性を知る」ための15事例を紹介しましたが、ここで覚えておいていただきたいポイントがあります。それは、**業種や職種を選ぶ際は、できればキャリア全体を考えてほしい**ということです。

第1章でふれたように、「転職＝よりよい環境で働くための重要な転機」と位置づけ、将来に至るキャリア全体を思い描き、豊かな人生を築くために働く場所を選んでいただきたいと思います。転職や異動・昇進を転機にしたキャリアタイプは、次の3つに分類することができます。

①シフト型——職種を変えるキャリアタイプ
②ディープ型——職能経験を深めるキャリアタイプ
③らせん型——職種を変化させながら職能経験を積み上げるキャリアタイプ

①シフト型

職種を変える転職を転機としたキャリアタイプです。挑戦したい仕事がある場合や、現職の将来性に疑問を感じた場合などの転職がこのタイプに当てはまります。

これまでの経験やスキルを生かすことができるかどうかで、シフトしやすい職種もあれば、シフトしにくい職種もあります。たとえば現職が営業職の場合、営業スキルを生かせるカスタマーサクセスへのシフトは比較的しやすいといえますが、まったく異質なスキルが要求されるITエンジニアへのシフトは当然難しくなります。

シフトしにくい職種への転職は難易度が高いため、検討するときは転職後のキャリアを緻密に描いたうえで、職種未経験者をフォローする研修制度の有無を確認することが必要になるでしょう。

図3-2　シフト型キャリアタイプの例

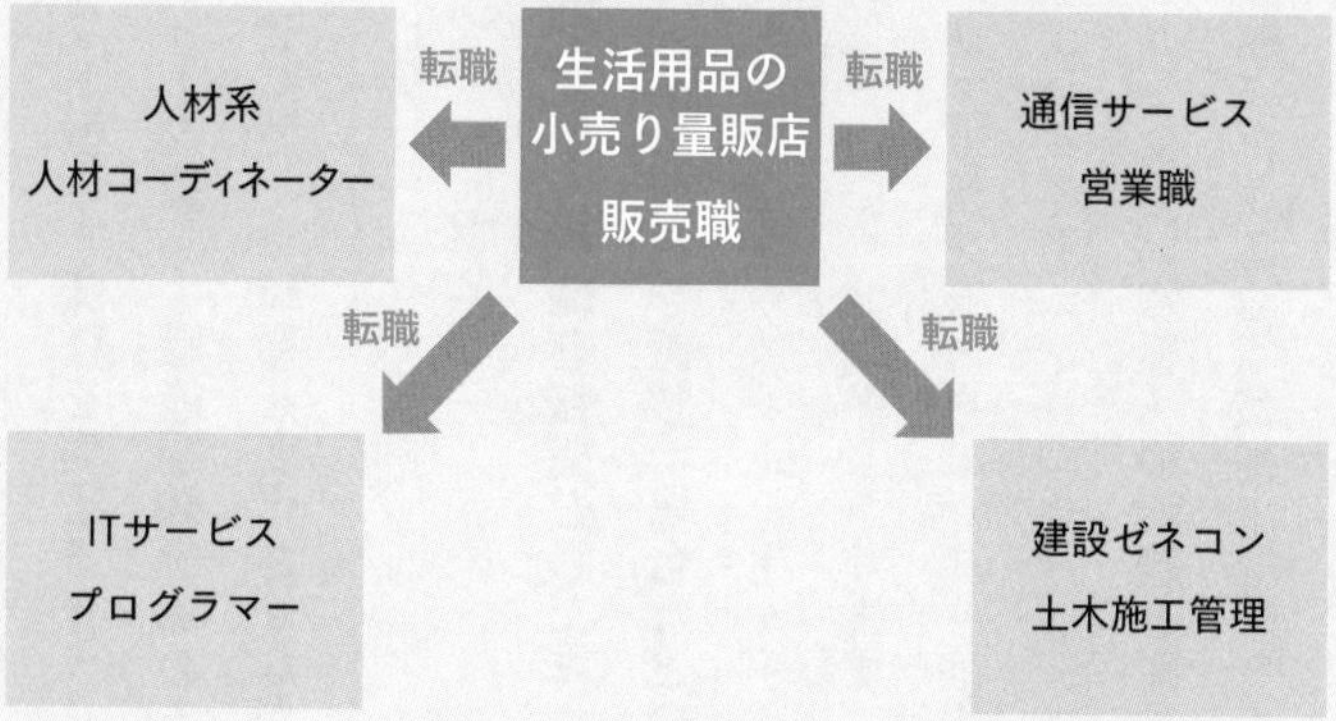

生活用品の
小売り量販店
販売職

転職 → 人材系
人材コーディネーター

転職 → 通信サービス
営業職

転職 → ITサービス
プログラマー

転職 → 建設ゼネコン
土木施工管理

◎シフト型キャリアタイプ——進路アドバイザー▼人材紹介コーディネーター

桜庭さんは長年、予備校の進路アドバイザーとして働いてきました。学生たちの進学や就職の相談に乗り、未来を一緒に考える仕事を通して、人と深く関わることに喜びを感じていました。さらなるステップアップを考えたとき、求職者と企業をマッチングする「人材紹介コーディネーター」という職種を知り、新たなキャリアをスタートさせました。転職に役立ったのは、学生たちとのカウンセリングで培ったコミュニケーションスキルや提案力です。

・転職の軸：人と関わる仕事がしたい
・スキル：コミュニケーションスキル、提案力

②ディープ型

職種は変えずに、別部署への異動や昇進で担当領域や規模が拡大することによるキャリアアップや、同業種または異業種へ転職し、経験やスキルを深めていくキャリアタイプです。ディープ型の成功例は、現職でさまざまな経験を積んだあとに、業界大手への転職や、上位職種へのキャリアアップを前提とした転職、複数業界の経験を通じて知見やスキルを深めることで自身の市場価値を高めるキャリアの構築といえるでしょう。

これまでの経験やスキルを軸とするため、シフト型と比較すると転職しやすい傾向がありますが、業界によってはキャリアを深めにくいこともありえます。

◎ディープ型キャリアタイプ例——DTPオペレーター▼映像プロデューサー

和泉さんのキャリアは、DTPオペレーター（印刷物のデジタル制作者）からはじまりましたが、指示通りに作成する作業をこなすだけの仕事に満足

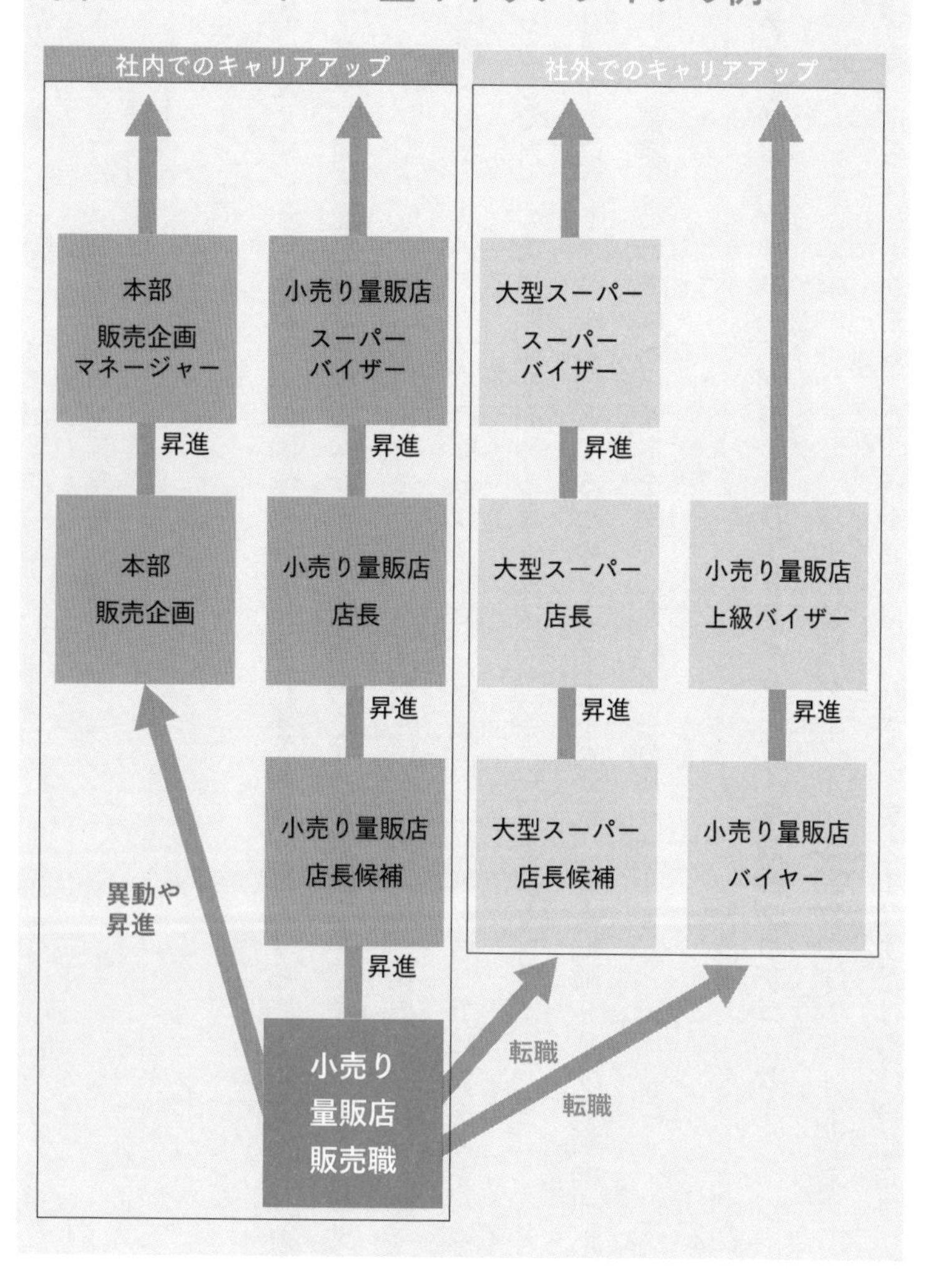
図3-3　ディープ型キャリアタイプの例
社内でのキャリアアップ
社外でのキャリアアップ
本部
販売企画
マネージャー
小売り量販店
スーパー
バイザー
大型スーパー
スーパー
バイザー
昇進
昇進
昇進
本部
販売企画
小売り量販店
店長
大型スーパー
店長
小売り量販店
上級バイザー
昇進
昇進
昇進
小売り量販店
店長候補
大型スーパー
店長候補
小売り量販店
バイヤー
異動や
昇進
昇進
小売り
量販店
販売職
転職
転職

できず、制作進行管理へとステップアップしました。さらにＷＥＢ領域の仕事を求めてＷＥＢディレクターへの転職を決断。ＷＥＢ業務のなかで映像を組み込むことが増えてきたことで、ストーリー性のある映像の仕事に興味が湧いてきました。プロジェクトを動かす和泉さんの力やクリエイティブのセンスに目をつけた取引先の映像会社から声がかかり、和泉さんは映像プロデューサーへと転職しました。

・転職の軸：「伝える」「モノをつくる」ことへの情熱
・スキル：デジタルスキル、ビジュアル的クリエイティブセンス

③らせん型

業界・職種や、会社規模・職位などをらせん型に変化させてキャリアアップすることを目的に、転職を重ねるキャリアタイプです。シフト型とディープ型の混合型ともいえますし、**異なる業界や職種に応用できるスキルを積むことが求められるため、たいへん高度なキャリア形成法といえるでしょう。**

たとえば、営業職からスタートし、サービス企画、次いで経営企画へ転職、Ｍ＆Ａ（企

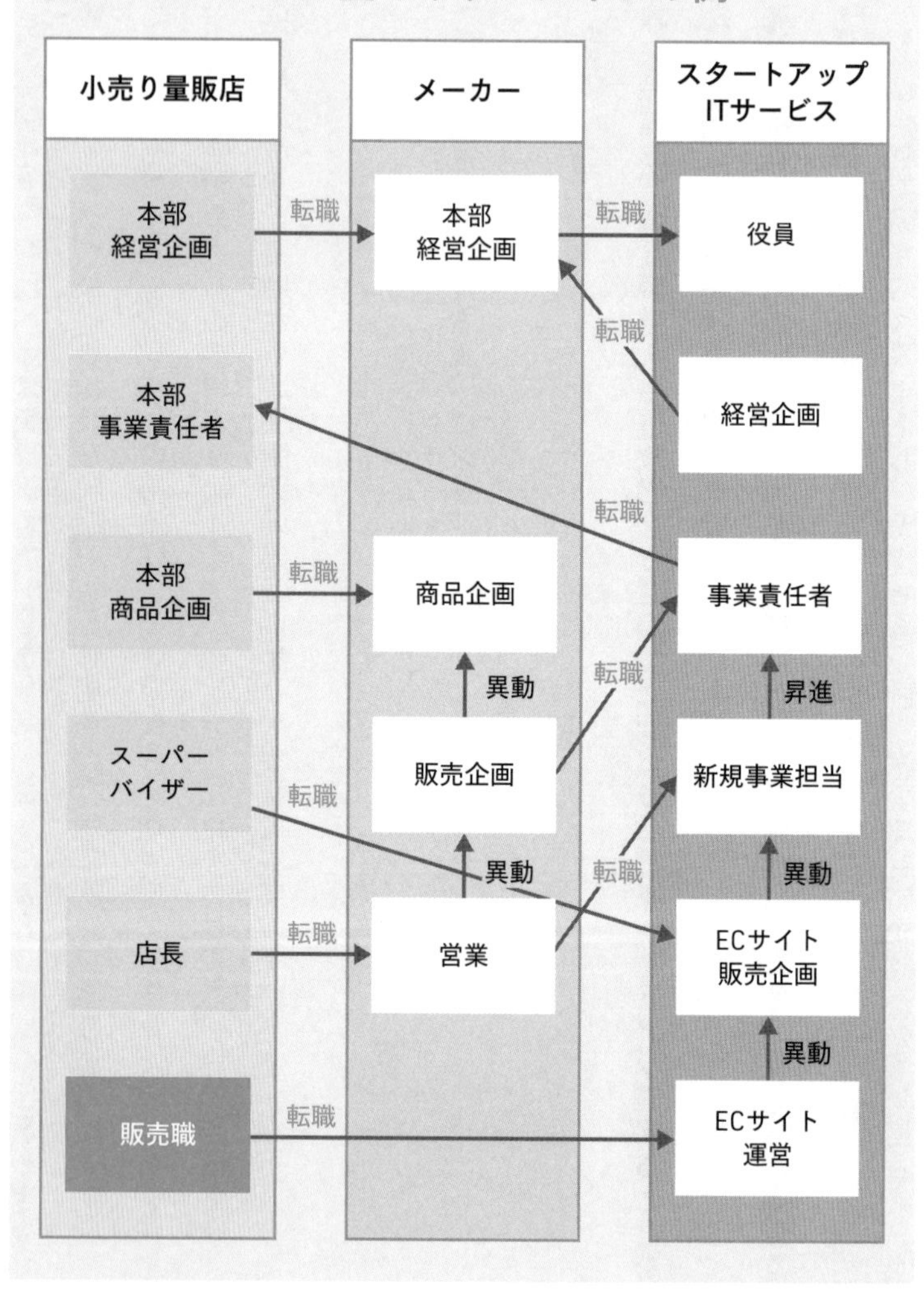
図3-4　らせん型キャリアタイプの例
小売り量販店
メーカー
スタートアップ
ITサービス
本部
経営企画
転職
本部
経営企画
転職
役員
転職
経営企画
本部
事業責任者
転職
本部
商品企画
転職
商品企画
事業責任者
異動
転職
昇進
スーパー
バイザー
販売企画
新規事業担当
転職
異動
転職
異動
店長
転職
営業
ECサイト
販売企画
異動
販売職
転職
ECサイト
運営

業合併・買収）担当職から、M&Aコンサルタントとして独立という道筋をたどるには、営業収益をはじめとした企業会計の知識、あらゆる企業経営のノウハウを身につけていく必要があります。

人材に関わる業務を軸にしたキャリアを考えた場合、転職によるキャリアアップによって、採用担当職▼人材育成▼人事責任者▼CHRO（最高人事責任者）までの道筋を描くこともできます。

◎らせん型キャリアタイプ例――ホテルスタッフ▼旅行会社役員

平澤さんは、ホテルスタッフとしてキャリアをスタートさせました。ホテリエに必要な気配りときめ細かなサービスを身につけ、同業大手に転職すると、やがて支配人に昇進。このホテルで勤め上げることを考えていたものの、能動的にサービスを提供したいという思いが募り、まったく異業種のオンライン旅行サービス会社へ転職。持ち前のサービス精神を発揮して海外事業企画で成功し、今では役員を務めています。

・転職の軸：人の喜ぶ顔が見たい
・スキル：思いやり、きめ細かなサービス精神、提案力

＊

本章では、転職の選択肢をより広げるために、具体的な職種の例とキャリアタイプについてお話ししました。ここまでお読みいただいたあなたには、自分の可能性と転職の形が見えてきたことと思います。本書もいよいよ大詰めです。続く第4章では、「身の置き場」——すなわち、あなたにふさわしい企業を探すためのポイントをお話ししていきましょう。

ここに挙げたキャリアタイプには、当然、向き不向きがあります。特に若い人にとって、こうしたキャリアを思い描くのはかなり難しいことでしょう。だから、ぼんやりとでもよいのです。**自身のキャリアについて思いを馳せながら、転職がうまくいったあとも、自分の強みはなにか、やりたい仕事はなにかを常に考えつづけることで、キャリアを豊かにすることができるでしょう。**

転職を複数回重ねる選択をせず、転職した先で勤め上げる選択をしたとしても、そうした姿勢をもちつづけることは、豊かな人生を築くために必ず役に立つはずです。

第4章

企業のこと
自分に合った「身の置き場」を知る

Chapter 4

「身の置き場」であなたのキャリアは変わる

「身の置き場」の重要性

この章では、転職活動における実践的ステップの最終段階、**転職先の「企業を知る」**を解説していきましょう。

企業探しのポイントについて具体的にふれる前に、**まず転職先の企業があなたにふさわしい職場であるかどうかを判断する大切さを考えていただきたいと思います。**

私を含めたビジネスパーソンの多くは、特定の企業に身を置いて仕事をしています。自分の能力を存分に発揮できて、仕事の内容が評価される環境であれば申し分ありません。

その場所は、あなたにふさわしい「身の置き場」といえるでしょう。

けれども、「入社したときは今の年収でも満足していたけれど、別の業界で同じような仕事をしている友人はもっと年収が高いのでモヤモヤする」「小さな会社で総務としてなんでもやらなければいけない環境ではなく、法学の知識を生かして規模の大きな企業の法務に転職したい」など、社会人としての経験を重ねていくなかで、あなたが求めることやできることは変化しているはずです。

居場所が変われば求められることも変わります。**今の会社では業務内容に合わなかったスキルでも、別の会社では必要とされるということは、往々にしてあります。**また、もっていスキルや業務内容が同じであっても、今よりももっと高い報酬を得られたり、評価されたりする環境を見つけることもできるのです。

これまでの章では、「自分の強み=転職先に提供できるもの」や「変化させたいこと」を見つめなおし、転職活動で実現したい条件を転職の軸に定め、自分の可能性を広げることをおすすめしてきました。**今度はあなたの「身の置き場」として、どのような企業ならあなたの価値を最大化できるのか、まず大枠を定めていきましょう。**

「身の置き場」次第で、得られるものは大きく変わる

①成長している業界や収益性の高いビジネスをしている企業を選ぶ

その企業が属している業界が景気の影響を受けやすい場合、雇用状況や収入などが安定しないリスクが高まります。**成長している業界や利益率の高い業界を選ぶことで、長期的なキャリアプランやライフプランを立てやすくなりますから、業界選びはキャリア形成において非常に重要な要素です。**同じ職種であっても、業界を変えることで収入が上がる可能性が高くなります。

もちろん、全体的に利益率が低いのではないかと思われる業界であっても、その業界で売り上げ上位の企業や、他社と差別化したサービスを提供している企業もありますので、業界だけで単純に判断しないようにしましょう。

収益性の高いビジネスをしている企業や業績が安定している企業は、給与やボーナス、福利厚生などが充実している傾向があります。長いキャリアを考えれば、現在の安定だけでなく、将来成長していく企業なのかという視点も大切です。

② 成長している企業には、昇進やキャリアアップのチャンスがある

年功序列を重んじる古い体質の企業では、いくら頑張って仕事をしても、上がつかえていて昇進できないということがあります。その点、**成長している企業は組織を拡大していく傾向があるため、役職が詰まることが比較的少なく、新規事業を立ち上げることで新しい組織や役職が生まれるなど、昇進の機会が増えます。**

成長している企業を選ぶメリットは昇進面だけではありません。新たなプロジェクトやチームが頻繁に立ち上がり、そこに加わることができれば、さまざまな経験を積むことが可能です。自身のスキルを磨き、あなた自身の市場価値を向上させるすばらしい機会が期待できるといえます。

ただし、急激に成長している企業は、事業の成長に人員確保や職場環境の整備が追いつかず、余裕のないまま走りつづけるという傾向もありますから、社内外の人間関係に軋轢が生じていないか、過度な残業などで社員に無理な要求をしていないか、福利厚生は充実しているかなどもチェックする必要があります。

企業を見きわめるために

あなたが注目する企業が、**業界全体のなかでどのようなポジションにあるのか、競合他社と比較してどうなのか、将来性はどうか**などを見ておくと、実際に転職活動をする際の志望動機としても使えます。

そのために必要なことは、一にも二にも情報収集です。企業の経営状態を示す指標には、「営業収益」「ROE（自己資本利益率）」「ROA（総資産利益率）」など、さまざまなものがありますが、情報を読み解く高度な知識が要求されますから、ここでは目安としやすい項目にしぼってお伝えしましょう。

まず見ておきたいのは、企業のホームページです。上場企業であればこのほかにも情報源はありますが、非上場企業や中小企業の場合は財務諸表を公開していない場合が多く、ホームページで得られる事業内容やビジョン、主要取引先、新サービスに関するリリース情報などは、貴重な情報源となります。

企業の自社サイトでなくとも、業界分析をしているサイトなどから、業界成長の推移を見ることもできます。上場企業であれば、企業が株主や投資家に向けて発信するＩＲ（インベスター・リレーションズ）情報の開示が義務づけられていますから、それを参照することも可能です。

また、**企業の成長ステージが「創業期」「成長期」「安定期」「衰退期・再成長期」のどこにあるかによって、事業に対する施策や、組織に対して求められるスキルやマインドが異なります。**企業の経営状態から見えてくる情報も多いため、意識して参考にしてみるとよいでしょう。

ここで、ぜひチェックしていただきたい6つの視点をご紹介しましょう。

①　売り上げは順調に伸びているか？

ここ数年の売上高の推移から、その企業の成長度合いがわかります。**同じ業界の同規模の企業などと比較検証するとわかりやすいと思います。**

新サービスに先行投資をしていることから、一次的に経営数字が悪くなっているケースもあるので、数年間の推移も併せて確認しておきましょう。

② 企業としてどのような理念をもっているか？

経営理念に共感できるかどうかを確認することも大切です。特にスタートアップなどの場合は、経営者の理念が企業運営や成長に大きく影響します。**企業設立の目的や企業理念、社長の経歴などは、たいていの場合ホームページに掲載されていますから、必ずチェックしておきましょう。**

新卒就活生向けの採用サイトがある場合は要注目です。「こんな思いで事業を行っている」「こんな人材を目指してほしい」「こういう思いの人を求めている」といった情報が、社会人経験のない学生にもわかりやすくまとめられているはずです。

③ 企業運営はうまくいっているか？

企業運営がうまくいっているかどうか、もう少し踏み込んでいうと、人・物・金・情報を効率よく使い、円滑な事業推進を図ることができているかどうかは、企業の成長にも大きく関わっています。この要素は、働きやすさの目安にもなります。

「働きやすさ」は、有給休暇消化率や離職率から推察できます。有給休暇消化率からわかることは、適切に人員配置がされているかどうか。適切な人員配置がされていれば有給休暇を無理なく取得することができますし、その逆であれば、有給休暇消化率は低くなる傾向があります。また、離職率が高く社員が定着しにくい企業、20代・30代の社員が極端に少なく年代構成がいびつな企業は、長期的なキャリア形成をしていける仕組みがなかったり、仕事の割り振りに無理が生じていたりすることが考えられます。離職率は『会社四季報』などで確認できます。

④ 新商品・新サービスを積極的に展開しているか？

企業の成長・維持にどれだけ注力しているかを推し量るうえで、新商品や新サービスは指標の1つになります。新しい企業の場合、新商品・新サービスを意欲的に展開して柱となる事業を確立することは、企業が成長していくために不可欠ですし、いわゆる老舗企業でも、従来の商品やサービスに固執することなく新しいニーズに柔軟に対応していく姿勢は、企業の成長・持続に欠かせないといえます。

規模の大きい企業の商品や、話題性のある画期的な商品は、経済紙や業界ニュースなどで取り上げられていることが多いため、**新サービスや新商品を出しているかは企業のホー**

ムページだけでなく、ニュースサイトでの社名検索からもキャッチしましょう。

⑤ 主要取引先はどんな企業か？

主な取引先や協力会社なども、ホームページで確認してみましょう。 取引先が有力企業であれば、ある程度その企業の健全性が認められていると見ることができます。

＊

情報が乏しい非上場企業の場合は、同業の上場企業の利益率や時価総額などを参考にしてみると、どんなサービスを提供している企業が利益を上げているのか、イメージが湧きやすいと思います。ただし、あくまでも目安にすぎないこと、すべてが満点の企業はないことは、念頭に置いてください。

Chapter 4

企業を探す

企業探しの3ステップ

くり返しになりますが、**転職において大事なことは「世間的によいとされる会社」に転職することではなく、「あなたに合った会社」「望むキャリアを描ける会社」に転職することです。**

あらゆる条件をかなえる完全無欠の会社は存在しません。**あなたの転職の軸、つまり「変えたいことはなにか」「どの条件を優先するのか」を考えながら、求人情報やそのほかの会社・業界情報から条件に合った企業を探すことがポイントです。**

ステップ1　求人情報などから、希望条件に合った企業を探す

・成長している企業かどうか
・社内制度などの検討／給与、仕事の内容、福利厚生、年間休日、勤務地など

ステップ2　志望する企業の順位づけをする

・どの会社なら、理想のキャリアプランや働きかたが実現できそうか
・軸ずらし転職も検討

ステップ3　求人情報だけではわからない情報を探す・聞く

・企業情報だけではわからない要素／社風、人間関係、働く環境
・転職フェア（合同企業説明会）で話を聞いてみる
・SNSや口コミサイトなどで情報を探す
・知り合いの伝手を頼って情報を探す

希望する条件で気をつけたいこと

企業に求める基本的な条件については第2章で説明しましたので、ここでは企業探しの際に気をつけたい事柄について、深掘りしてご紹介しましょう。

①現在の勤務先と比較する

「応募先」を見るだけでなく、今の勤務先と比較することが大事です。

勤務地手当や住宅手当、退職金の有無、賞与の有無や回数、定年年齢、勤務時間が7.5時間か8時間か、始業時間は9時か10時かなど、それまで当たり前だと思っていたことが転職先ではそうではなく、「転職しなければよかった」と悔いるケースもあります。特にはじめての転職の場合は見落としがちなポイントですから、慎重に比較するようにしてください。

② 扱う商材、客層（ターゲット）の違いを意識する

同職種の転職で盲点になりがちなのが、扱う商材や客層（ターゲット）の違いによって、それまで培ってきたスキルが通用しないケースです。

たとえば、営業職でこれまで有形商材（実際に目で見たり手に取ったりできる商材）を扱ってきたとしましょう。転職して無形商材（サービスや情報、金融商品など、形のない商材）を扱うことになると、それまでとはまったく違う、「目に見えないもの」の魅力をしっかりアピールするスキルが必要となるわけです。客層の違いでいえば、スピーディさを重視する量販店と、じっくり丁寧なホスピタリティを重視するブランドショップでは、接客のノウハウがまったく異なることもあります。

もちろん、これまでと異なることにやりがいを感じ、異なるからこそスキルアップにつながる部分もありますが、**「同じ営業だから大丈夫」と安易に考えるのは危険といえます。**

③ 担当する職務領域を確認する

大企業からスタートアップや中小企業など人員の少ない企業に転職した場合で見られるのが、思っていたよりも広い領域の職務を任されて苦労する、というケースです。たとえ

ば、人事担当で採用され、人事業務だけを任されると思っていたら、採用・労務・研修・SNSによる情報発信・法務など、未経験の総務的な役割もこなす必要があったということもありました。

求人情報などの仕事内容をしっかりと読むだけでなく、採用面接の際に遠慮なく確認するように心がけてください。

④ 収入面の条件での失敗事例

収入に関する希望条件は総額だけではなく、福利厚生や昇給・昇進のシステムも含めて、今の勤務先と比較しましょう。 また、将来の生活設計（子どもの教育費、老後資金など）も考慮すべきです。

収入に関してよくある失敗に、次のようなものがあります。

- ・求人情報に記載されている年収や月給の金額を、手取り額（社会保険料などの差し引き後の実際の振り込み金額）だと勘違いする
- ・昇給制度がないことに気がつかなかった

・基本給はこれまでと同じだったものの、ボーナスがかなり低かった
・役職定年が早く、50代になるとすぐに年収が大幅ダウンしてしまう
・示された年収例は高かったが、営業インセンティブが多くを占めていたため、基本給はかなり低く、契約が取れないと生活が破綻してしまう

⑤よく確認しておきたい休日

休日は心身を休めて、英気を養うために重要な要素。**企業の休日に関して誤解をしている人は少なくありませんので、よく確認しておく必要があります。**

たとえば、「週休2日制」は、毎週必ず2日休める制度ではなく、年間を通して1か月に1回以上、週2日の休みがある制度です。毎週必ず2日休めるのは「完全週休2日制」。ただしこの場合も、土日が休日と決まっているわけではないことにも注意が必要です。

・週休2日制と完全週休2日制の違い
・祝日や土曜日は出勤のケースあり
・夏季休暇／年末年始休暇の有無（そもそもない／一斉ではなく交代制で希望が通ら

ない可能性も）
・年間休日の総日数は、現在と比較してどうか
・有給休暇を無理なく使える環境か

⑥ 勤務体制で見落としがちな点

店舗や施設、サービスの運営に関わる仕事へ転職する場合、人手が足りないためワンオペ営業をしなければならないうえに、自分や家族の急病の場合でも、代わりに出勤してくれる人を見つけないと休めないケースがあります。**日ごろから2名以上での運用が前提になっているか、夜勤の有無、早番・遅番の出勤退勤時間帯と自宅からの交通手段の有無など、どんな生活リズムになるのかをイメージし、現状から極端に変わる場合は何日か「お試し」をしてみると安心です。**

⑦ 通勤手段をチェックする

U・Iターンなどで不慣れな土地に生活拠点が移る場合などは、通勤手段に注意が必要です。地方によっては、電車が1時間に1本しかない、マイカー通勤必須あるいはNG、

バス以外の通勤手段がないということも珍しくありません。都市圏でも、出勤時間帯のダイヤ、電車や駅の混雑具合など、住居の立地条件や通勤時間などによっては、確認が必要なケースもあるでしょう。

自分に合った企業が見つからない場合

特に「第二新卒」と呼ばれる新卒3年未満の若い方には、職務経験が浅いため、自分の適性や強みが見つけられないというケースが少なからず見受けられます。

無理をして「やりたい仕事」を見つけようとするのではなく、ジョブローテーションのある企業や副業可の企業など、「やりたい仕事を見つけられそうな会社」へ転職することも検討してみるとよいかもしれません。

①ジョブローテーションのある企業

ジョブローテーションとは、企業が社員に複数の職務を経験させるために一定の期間で異動や職務変更を行う制度です。

「総合職」として採用し、入社後に配属が決まることが多い新卒の就職活動と違い、中途採用の多くは職種指定で、基本的には入社後の人事異動があるかどうかはわかりません。しかしなかには、さまざまな仕事を経験させて社員のポテンシャルを引き出す目的で、「3年ごとに異動」といったように、周期を決めて社員の人事異動を行う「ジョブローテーション制度」を導入している企業もあります。

この制度は、自分のやりたい仕事が決まっている人にとっては気の進まないものかもしれませんが、**まだ自分のやりたい仕事を決め切れていない、向き不向きがわからない人にとっては、ひとつの企業にいながら幅広い仕事を経験できるというメリットがあるといえます。**

「人事異動」と聞くと不安を感じる人もいるかもしれません。けれども、**異動によってこれまでとは異なる仕事にふれ、比較対象ができた結果、「好きな仕事が見つかった」「今までやっていた仕事が自分に合っているものだったと痛感した」など、気づきを得る人も多いのです。**

『マイナビ転職』が正社員を対象に行ったアンケート「ジョブ型雇用の意識調査」(2021年実施)では、「意外な自分の適性を見つけられるかもしれない」というポジティブ

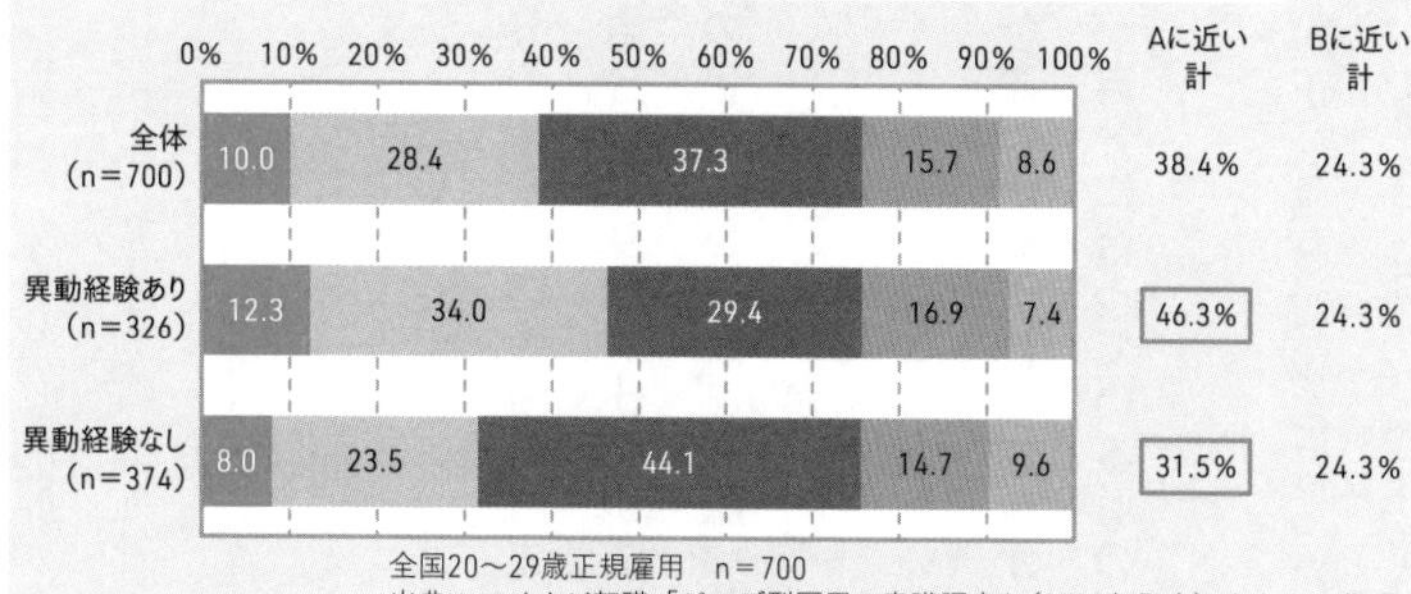

な回答を選んだ人が4割近く（異動経験者では5割近く）いました（図4－1）。

転職でも総合職採用はあり、また、「ジョブローテーションあり」の企業も一定の割合で見られます。

② 副業可の企業

最近は副業可の企業が増えてきました。じつは副業には副収入を得られること以外にもさまざまなメリットがあります。

本業とは異なる人間関係のなかに身を置き、異なる経験をすることで、視野が広がったりスキルアップにつながったりして、結果的に本業のパフォーマンスが上がるというケースがあります。また、興味はあるものの、「転職してやっていけるか不安」という場合は、副業の形で試してみて、手ごたえがあればその職種への転職を検討、難しそうであれば副業など別の形で関わるという判断をするのも一手でしょう。

また、本業は生活のための手段と割り切って、副業で好きなことに取り組む人も増えています。副業可の企業を探し、副業でさまざまな仕事にトライしてみるのもよいかもしれません。**社外で業種や職種にとらわれず幅広い経験をするなかで、意外な「天職」に出合える可能性もあります。**

③今の仕事の嫌な部分に目を向けてみる

転職の軸を定めたものの、希望条件と合う企業が見つからないこともありえます。その場合は、ぜひ軸ずらし転職を試みてください。**これまでの仕事の嫌な部分に目を向けて、改善したいことを条件にして企業を探す方法もあります。**

たとえば営業職の場合、「残業の多さ」「ノルマ」が嫌だとしても、「商談（お客さまと話すこと）」や「客先に出向くこと」「平日の休み」が嫌でなければ、営業職そのものは向いているといえます。この例でいえば、職種はむやみに変更せず、「残業」「ノルマ」を改善する条件にしぼって転職先を探したほうが、自分に合った仕事環境を手に入れられるかもしれません。

足りない情報は探す・聞く

転職の軸を定めることによって、企業探しは効率よく行えるはずですが、企業がオープンにしている情報だけでは、どうしても足りない部分が出てきがちです。

特に社内の雰囲気、人間関係は円滑か、働きやすい職場かという企業の内情に関わることまでは、企業が開示している情報だけで把握することは難しいのが実情です。転職後に、「社風に合わない」「人間関係がうまくいかない」などの理由で不満を抱くことがままありますから、これらを事前に確認できればそれに越したことはありません。

序章でふれたように、SNSや口コミサイト、社名検索など、インターネットでの情報収集はずいぶんしやすくなりました。個人の発信から裏事情まで知ることができるようになっている点は大きなメリットです。

私がおすすめするのは、職場見学や転職先候補の社員との面談です。たとえば、書類選考を通って面接をするときに、「社員のどなたかにお話を聞いてもよいですか？」と頼んで、断る企業はほとんどありません。もしも断るような会社だったら、なにか問題があると思ってやめておいたほうがよいくらいです。

また、**その企業や業界にいる知人に聞く、知り合いを紹介してもらう、選考の前段階として転職フェア（合同企業説明会）で話を聞いてみる**など、転職後に後悔しないために、できるかぎりのことはぜひやってみていただきたいと思います。

Chapter 4

求人が増えている新しい職種

転職の可能性を広げる4職種

ここで近年、注目されている職種をご紹介しましょう。なかには専門性の高い職種もありますが、入社後に研修をするという前提で未経験者にも門戸を開いているケースもあり、現在の選択肢に加えて企業選びの可能性を広げていただきたいと思います。

・動画やSNS関連職種

注目される理由

ＷＥＢ広告市場のニーズは急激に拡大し、ＷＥＢマーケティングに関連した仕事が増えています。また、企業のＰＲだけではなく、販売促進やブランディングなどさまざまなシーンでＳＮＳが利用され、動画制作のニーズも年々増加していますし、それを運用する人材も不足しているのが現状です。

情報量が多く、インパクトのある動画による情報が当たり前になり、専門知識が乏しくても直感的に動画制作ができるアプリケーションが増えたため、クリエイターなどの専門職以外でも、業務の一部として動画制作に携わっている人は少なくありません。

こんな人におすすめ

・販売職で商品PRのためにInstagramやTikTokをやっている人
・趣味でYouTube（動画の撮影・編集）をやっている人
・テレビ局などのスタッフとして映像に関わっている人

・ITサポート事務・IT事務

注目される理由

ＩＴ（情報技術）サービス抜きでは、現代の企業活動は成り立ちません。当然、ＩＴサービスのサポートにあたる職種の募集は増えています。サービスの申し込み窓口のような業務から、顧客がサービスを利用する際のデバイスの使いかたのレクチャーやアドバイスなど、企業によって業務内容は多岐にわたります。

ＩＴ系職種のなかでは未経験募集が多いのが特徴で、業務内容によっては営業職や事務職として募集されることもあります。

こんな人におすすめ

・顧客のサポートが好きな人
・技術職や事務職ではコミュニケーション量に物足りなさを感じる人
・ＰＣは問題なく使えても、オフィス系ソフトなどには抵抗がある人

・カスタマーサクセス（営業系職種）

注目される理由

海外ではかなり前から導入が進んでいた営業職です。インサイドセールスと同様、電話やメールを使った内勤の職種で、コロナ禍を機に日本でも浸透し導入する企業が増えまし

た。インサイドセールスが見込み顧客へアプローチして成約を得ることを目的とするのに対して、カスタマーサクセスの業務は、サービスを導入した顧客へのサポートや提案。顧客の満足度を高め、長期的な関係性を築きます。

こんな人におすすめ

・営業ノルマは避けたいけれど、サービスの提案や顧客サポートは好きな人
・営業、販売、サービス、コールセンターなどの経験者
・営業に興味はあるが、まずはオンラインで対応力を磨きたい人

・宇宙関連の職種

注目される理由

宇宙産業と聞くと、実際に宇宙に行って調査・研究をする「宇宙探査」のイメージが強いと思いますが、人工衛星が取得した地球観測データの活用をはじめとして、「宇宙利用」のビジネスが大きな広がりを見せており、今の私たちの生活にとっても身近なものとなりつつあります。

これからは専門職だけではなく、営業職、企画職、マーケティング職、事務職、エンジニア職といった一般的な職種での採用が拡大していくことが予想されるため、多くの方に大きなチャンスが広がっています。

こんな人におすすめ

- 宇宙産業に興味のある人
- 成長産業にチャレンジしてみたい人
- データを扱うのが好きな人

Chapter 4

企業選びのポイント

企業を評価してみる

さあ、ここからはいよいよ転職先の企業選びです。あなたが転職先の候補として選んだ企業に自分なりの点数をつけて、評価してみましょう。

まず、あなたの希望する条件に沿った「評価軸」を定めます。評価軸が多すぎると評価が難しくなりますし、整理がつかなくなりますから、10項目程度が妥当です。ここでは、ごく一般的な条件をピックアップしてみます。

①企業の成長や安定度
②給与
③仕事の内容
④福利厚生
⑤キャリアアップの可能性
⑥働きかた（時間帯、在宅ワークの有無、残業量など）
⑦休日・休暇
⑧勤務地
⑨人間関係
⑩事業内容に魅力があるか

評価軸を決めたら、項目ごとに転職先候補の企業を10段階で評価します（100点満点）。具体的な例を見てみましょう（図4－2、図4－3、図4－4）。

総合評価ではA社が最も高評価ですが、どの条件を転職の軸として重視しているかで、どこを転職先に選ぶか、結論は変わってくるでしょう。

最重要視している条件が「企業の成長や安定度」なら文句なしにA社、「仕事の内容」ならB社になるかもしれません。「働きかた」によるワーク・ライフバランスを魅力に感

図4-2　A社の点数

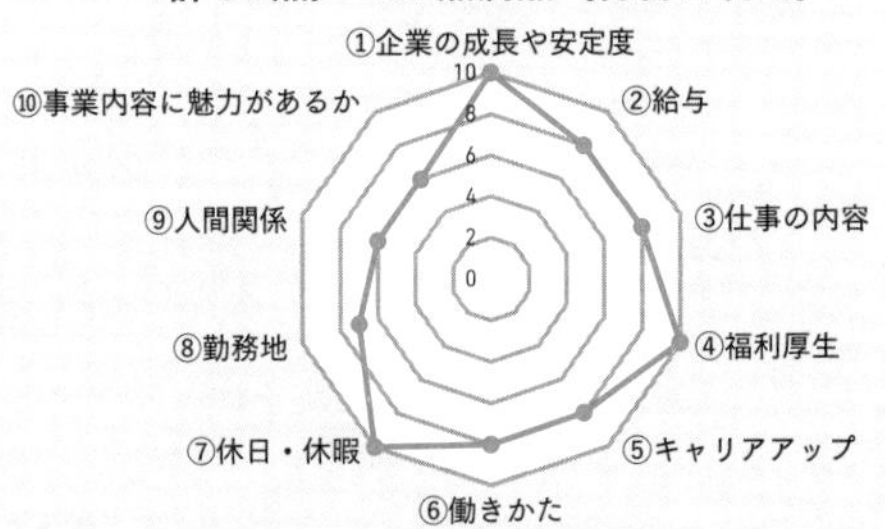

※成長企業で給与は求めているレベル。
若くても管理職になれる可能性が高く、キャリアアップもできそう。
ただし人間関係は同世代がいないので少し不安。

図4-3　B社の点数

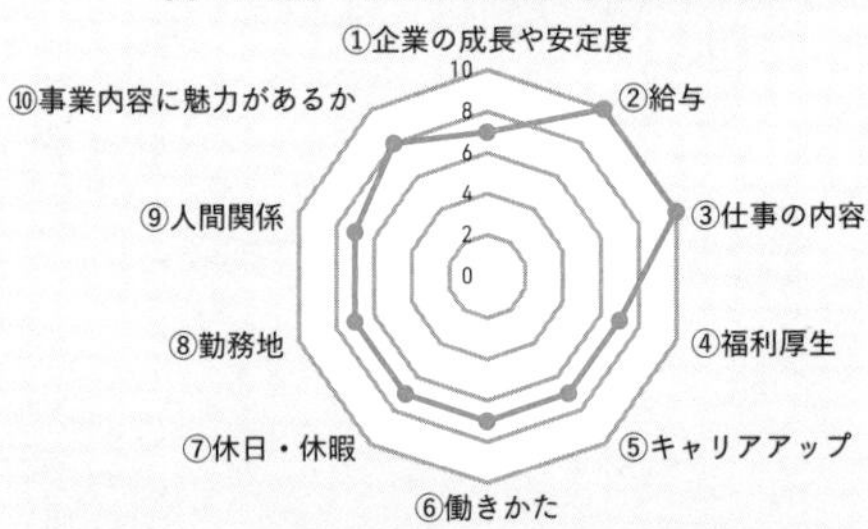

※給与はいちばん高く、仕事内容が合っていそう。
ただし、通勤時間が1時間を超える。有給はほぼ使えなさそう。

図4-4　C社の点数

計69点／100点満点（総合C判定）

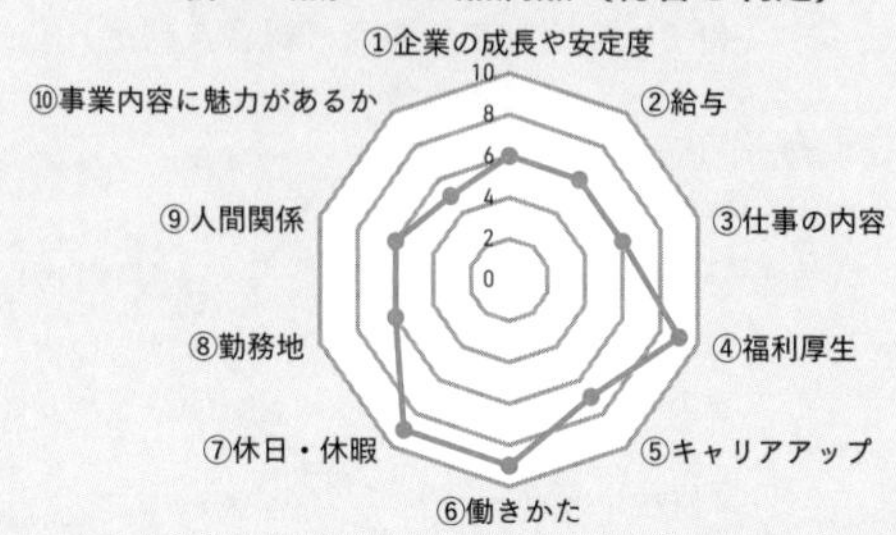

※給与は求めているぎりぎりのレベルだが、リモートワークができる。
福利厚生（産休育休サポート制度）が他社よりよい印象。
事業内容は、紙媒体が主力なので今後の先行きが少し心配。

じる人は、C社を選ぶでしょう。

図4－5、図4－6、図4－7は、評価軸を5つにしぼった例です（50点満点）。

①博多勤務
②リモート勤務あり
③勤務時間の選択
④マネージャーにならなくても昇給できる制度
⑤社内の雰囲気

さて、あなたならどの会社を選ぶでしょうか？　フルリモートで社員の雰囲気がよかったことを重視し、昇給制度をあきらめれば、

図4-5　A社の点数

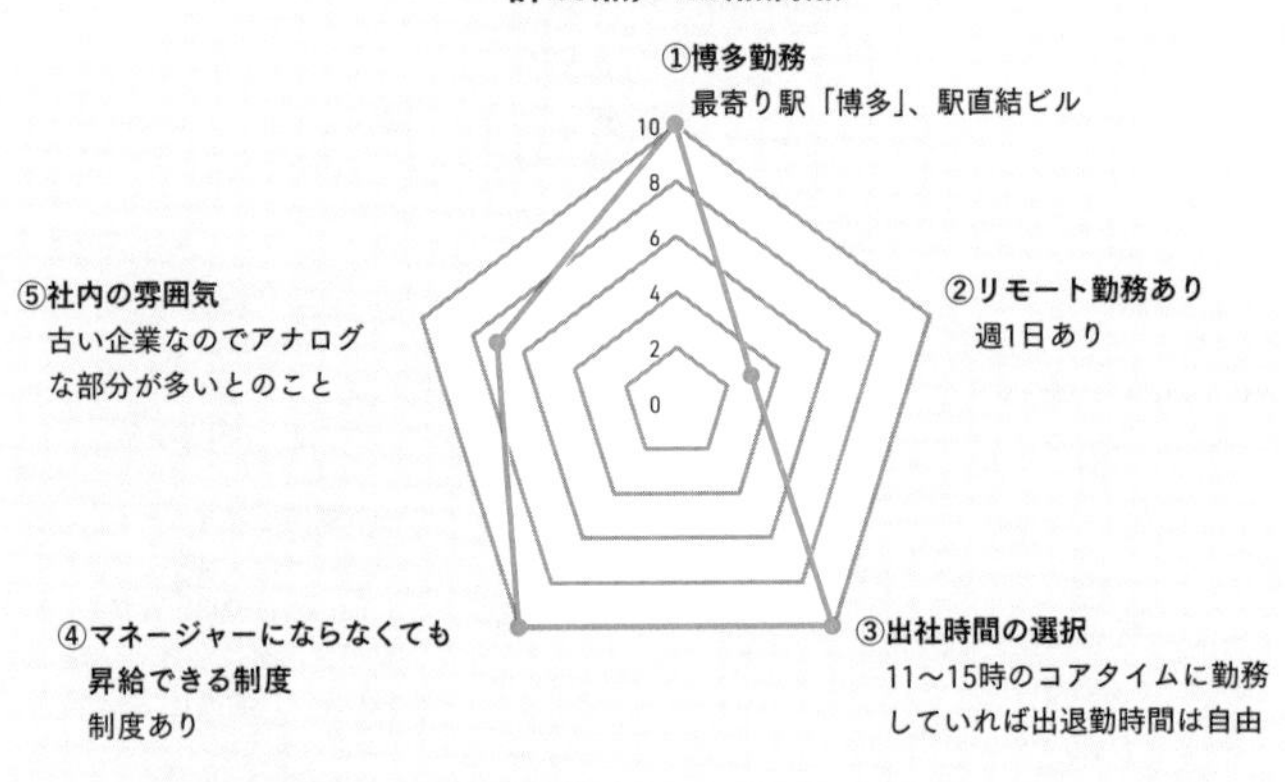

図4-6　B社の点数

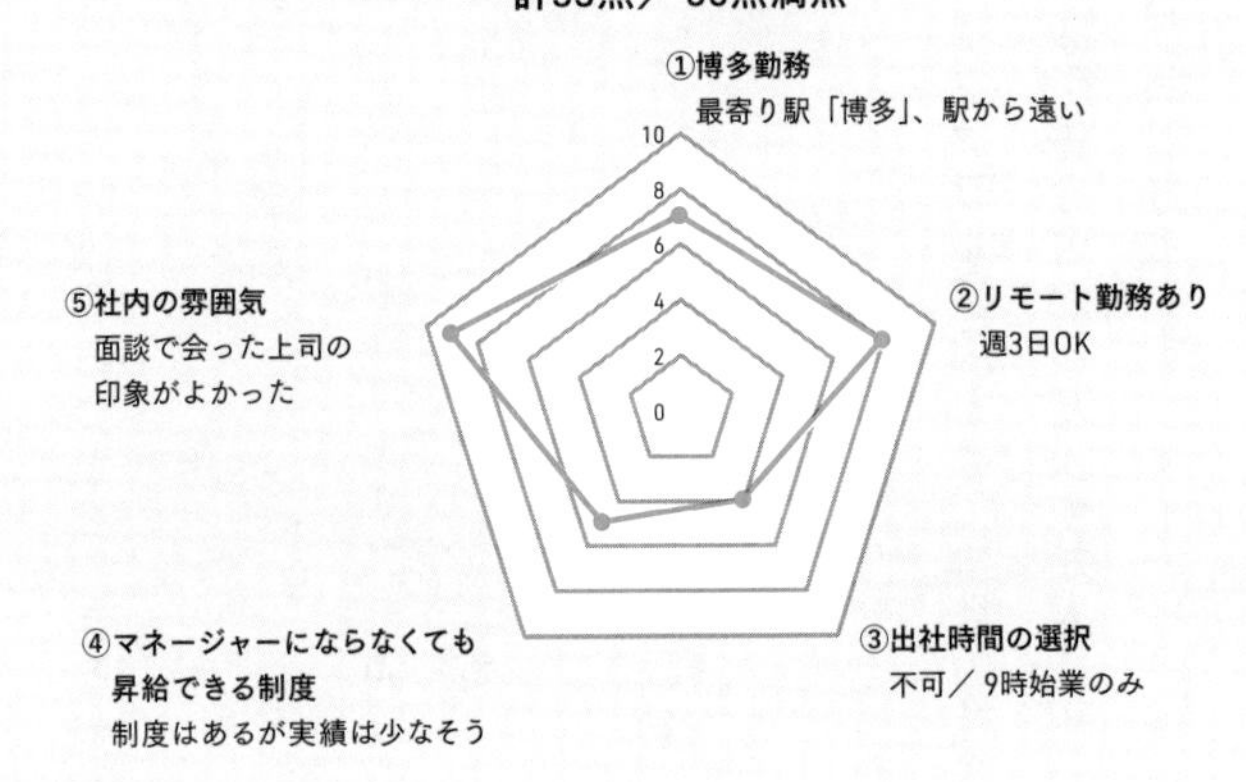

図4-7　C社の点数

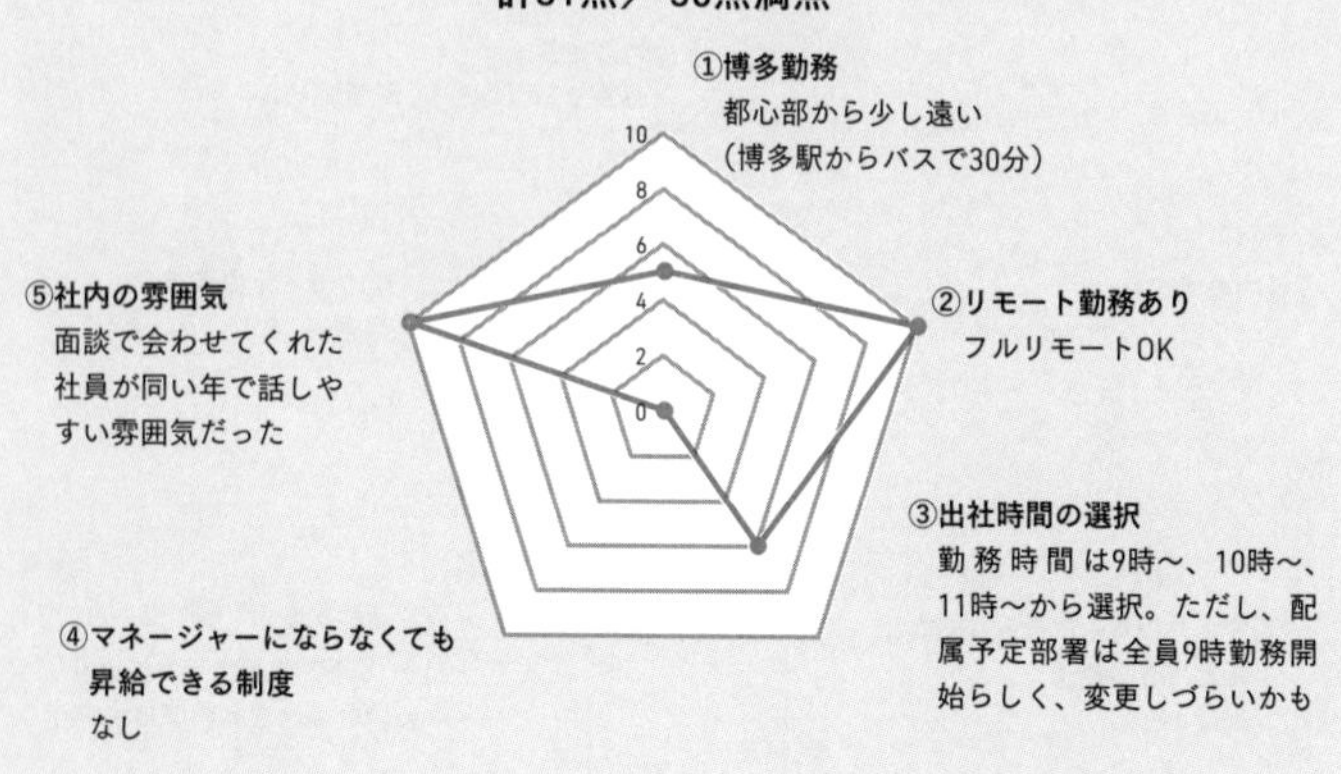

その項目以外の点数は、A社40点、B社33点、C社31点と評価することもできるのです。

これらの評価方法を参考にして、「あなたに合った会社」「望むキャリアを描ける会社」を上手に選んでほしいと思います。

リファラル採用ってなに？

リファラルとは「推薦」「紹介」という意味で、**リファラル採用とは、自社の社員や社外の取引先などから友人や知人を紹介してもらう採用方法です。**マイナビが実施した「中途採用実態調査2021年版」によれば、調査対象1300社あまりのうち

56％がリファラル採用を導入していました（私たちの会社も導入しています）。企業によっては紹介者と採用された本人に報酬を出すこともあります。
リファラル採用には次のメリットとデメリットがありますので、活用することができるならぜひ検討することをおすすめします。

リファラル採用のメリット

・スキルや資質、パーソナルスキルがマッチした転職が可能
・自分の能力を理解している友人・知人がいるため、まっさらな状態でのスタートではなくなる（実績や人柄などの情報が共有されている）
・組織になじみやすい（「△△さんの知り合いなんですね」など会話がスムーズ）
・友人や知人から転職先の長所・短所も聞いたうえで入社を決められるので、入社後のギャップが比較的少ない

リファラル採用のデメリット

・紹介者から詳細な情報が伝わるため、先入観をもたれてしまうケースも

・想像と違った場合やトラブルになった場合、辞めづらい
・仕事が原因で、友人や知人との人間関係がぎくしゃくすることもありえる

リファラル採用の流れの一例

①自社の社員が友人や知人を推薦・紹介
②社員が採用候補者に給与面などの希望を聞く
③社員が採用担当者に報告
④採用担当者が社員から候補者情報をヒアリング
⑤候補者から採用担当者へ履歴書・職務経歴書の提出
⑥面接（企業によっては面接前か面接後に面談が入る）
⑦双方の条件が合えば入社
※⑤以降は通常の面接の流れになるケースも多い。

不採用になっても、あなたが否定されたわけではない

実践編の最後にお伝えしておきたいことがあります。それは、**たとえ不採用にされたからといって、あなたが否定されたわけではない**ということです。

現役の人事の方と話していると、「合否の9割は面接開始後の10分で決まる」というようなニュアンスの話をされる方が少なくありません。面接時の第一印象がいかに大事かということですが、とはいえ、それだけというわけではもちろんありません。**一緒に働きたいと思えるコミュニケーション力、清潔感や礼節、一緒に働く人への気遣いがありそうか、これまでの業務経験、既存メンバーの年齢構成などから、自社にうまく溶け込めるかどうかを総合的に判断しているのです。**

逆に、**あなた自身は面接官の印象だけで合うか合わないかを判断してはいけません。**転職が決まって一緒に働くのは配属された先の人たちであって、面接官と働くわけではないからです。しかし、面接官の話しやすさや、面接が盛り上がったかどうかで、「この企業はよさそう」と判断軸がブレてしまう人は意外に多いのです。

転職は、双方の「相性（マッチング）」が重要です。また、採用は絶対評価ではなく相対評価ですから、同時に応募していたほかの方が「たまたま職務経験がドンピシャだった」「住まいが会社に近く、交通費が抑えられそうだった」などの理由で、落とされることもありえるでしょう。

落とされたからといって、それはその企業に合わないだけのこと。**あなたの価値が否定されるわけではありませんし、たかだか1社の選考で落ちたからといって、この世の終わりではないことをよくよく心に留めておいてください。**

ここまで、私たちが蓄積してきた知見とデータを駆使し、あなたの転職に役立つと思えるアドバイスを送ってきました。どうかそれらを糧に、「転職してよかった」と思える結果を勝ち取っていただきたいと思います。

終章

転職の
ゴールはなにか？

epilogue

転職はキャリアについて考える絶好の機会

望むキャリアを構築しやすい時代

かつて日本のビジネスパーソンの多くは、一度就職すると転職することはほとんどなく、年齢と勤続年数などを重視した人事制度で評価されて役職や給与が決められ、定年まで同じ企業で働きつづけるというのが一般的なコースでした。これが日本型雇用の特徴だった終身雇用と年功序列型評価制度です。

日本型雇用には、「長く働きつづけられる」「安定が得られる」というメリットがある反面、「若いうちは給与が低い」「年功序列で努力が評価されにくい」というデメリットも指摘されています。**日本型雇用がよいか悪いかは、受け取る側の考えかた次第だと思います**

が、ひとついえることは、一度職場を決めたら、違和感を覚えたとしても転職しづらいという側面があることです。

幸か不幸か、このような終身雇用を前提とした日本社会の雇用環境は、今や大きく様変わりしました。もちろん終身雇用を重視する企業がなくなったわけではありませんが、**転職が当たり前になった現在は、望むキャリアを構築しやすい時代になったといえます。**

「転職を常に意識する」のはポジティブなこと

私は、「転職を常に意識する」のは、ポジティブなことだと思っています。こう言うと、「あれ？」と思う方もいるかもしれません。そう、再三伝えているように、この本は積極的に転職をおすすめする本ではありません。むしろ、転職を考えている人に、一度立ち止まってよく考えることをおすすめしてきました。

「では、なぜ？」――そんな疑問の声が聞こえてきそうですが、私が言いたいのは、**転職を常に意識することは、「自分の強みと弱みを知る」「自分が現在取り組んでいる仕事を**

俯瞰する」「情報に敏感になる」「自分のスキルを磨くことを意識する」ことにつながり、キャリア＝「過去から将来の長期にわたる職務経験や、これに伴う（計画的な）能力開発の連鎖」の構築に、よい刺激になるということです。

ここで、第1章から第4章までで、提案してきた内容を思い出してみてください。第1章では「自分を知る」、第2章では「転職先に求めるものを知る」、第3章では「自分の可能性を知る」、そして、第4章では「自分に合った身の置き場を知る」――**いずれも、「自分の強みと弱みを知る」「自分が現在取り組んでいる仕事を俯瞰する」「情報に敏感になる」「自分のスキルを磨くことを意識する」ことを抜きにしては成り立ちません。**そうした意味でこの本は、転職をテーマとしたものであると同時に、**「いかにあなた自身のキャリアを築くか」**をテーマにしているのです。

理想のキャリアを描くために考えるべきこと

働きかたに対する社会と個人の意識が大きく変わった今、働く人がキャリアを考えつづけることは不可欠です。長期的なキャリアプランを大まかにでも描いておくことで理想に近づけることを、本書を機に、ぜひ頭の隅に置いておいてほしいと思います。

ライフプランに合わせて働きかたを変えるのも、一般的になりました。「ライフステージに合わせて働きかたを変えたい」「リモートワークをしたい」という理由で転職するなど、働きかたを変えるための転職は男女ともに一般的になりつつあります。

第3章で説明したように、転職によるキャリアのタイプはさまざまです。職種自体を大きく変化させる転職もあれば、業界や職種などを固定し、職能（ジョブスキル）経験を深める転職もあります。さらに、職能を軸に異なる業界へチャレンジする転職もあります。

このような考えかたは転職だけに当てはまるものではありません。

転職せずに、同一企業内でのキャリアを積むこともできます。ジョブローテーションを採用している組織であれば、「職種を変える」「職種は変えずに担当領域を変える」「職能を武器に他部署へ異動する」など、いくつかの選択も可能でしょう。

第4章で紹介したように、近年登場してきた新しい職種——動画やSNS関連職種、ITサポート事務、カスタマーサクセスの職種などでさえ、企業によっては転職せずに経験することができるかもしれません。生成AIの登場、インターネットビジネスの興隆などによって、日本社会は大きな変化のまっただなかにあります。特にAIが進化すれば、なくなる職業があるだとか、失業者が増えるだとか、不安を煽るような言説が目立ちますが、仮になくなる職業があったとしても、人が担う役割が変化していくだけで、今までやってきたことがムダになるということではないと思います。**常に「ありたい自分」や、世の中のニーズを見つめ、自分のキャリアについて考えていれば、社会変化にうまく順応することができるのではないでしょうか。**

転職するための考えかたとしてこの本で紹介・提案していることは、転職してもしなくても、あなたの「こんな生きかたをしたい」「こんな仕事をしたい」という思いを実現するために役立つはずです。できれば何回か読み返して、あなたなりのキャリアを見つけてください。

ゴールは転職ではなく、人生を豊かにすること

転職は、それ自体がゴールなのではありません。**転職のゴールは人生を豊かにすることであり、それを可能にするキャリアを積むことです。そのために転職が役立つのであれば、**

チャンスと捉えてチャレンジすることが大切なのだと思います。

くり返しお伝えしてきた通り、１００％満足できる仕事はありません。しかし、転職に至らなくても転職活動をしたことで、「視野が広がった」「自分の強みに気づいた」「目標ができた」と新たなフェーズへと進み、転職をしたことで「毎日充実感が得られ、仕事が生活費を稼ぐだけのものではなくなった」「ストレスが減って気持ちが楽になった」「やりたいことをできるようになった」など、人生が少しよい方向に動いたと感じている人もたくさんいます。

これこそが、みなさんの転職活動をサポートしたいと私たちが思うモチベーションの源泉であり、転職者のみなさんと関わる私たちが日々、やりがいを感じる理由なのです。

この本を読んでいただいたことで、自らの可能性に気づき、仕事とキャリア、生きかたに対する考えかたに変化が生まれ、あなたにとってのよい転職、よい人生が実現できることを願っています。

おわりに

ひと昔前とは違い、「企業にいちど入社すれば、定年まで安定して働きつづけられる」という時代は終わり、転職が当たり前となりました。**そんな現代においては、社内外を問わず、自分のキャリアのアンテナを常に張りつづける必要があるといえるでしょう。**

さて、みなさんは本書を読み終えて、いかがでしたでしょうか？　転職にまつわる疑問や悩み、不安は解消できたでしょうか？

「転職に対する不安がなくなった」
「疑問が解消できて、転職を前向きに考えられそう」

このように思っていただけたら、著者としてうれしいかぎりですが、そう簡単なものではないことも十分に承知しています。

多くの疑問や悩みの解消につながったとしても、一抹の不安が残るかもしれません。それは、転職というのは人生における重大な転機だからです。
大きな決断に際して悩み、不安に思うのは自然なことです。本書によってすべての不安が払拭できるとは思いません。「はじめに」で書いたように、不安は未知の事象に対して起こります。本書によって、転職活動のポイントを知り、あなたの不安が軽減されていることを祈ります。

転職に対する意識が変わりつつある今、「転職＝人生の転機」について考え、真摯に向き合ってみてほしい――私はそう考えています。現職にとどまるにしても転職するにしても、これからのあなたの仕事の可能性、大いなる未来をひらくお手伝いができたとしたら、本書を執筆した甲斐があります。

どうぞ本書を、あなたの豊かなキャリアと人生を築く手がかりとしてお役立てください。

２０２４年５月　荻田泰夫

著者略歴

荻田泰夫（おぎた・やすお）

株式会社マイナビ執行役員、ゼネラルエージェント事業本部長（『マイナビエージェント』）、『マイナビ転職』元編集長。
2006年に毎日コミュニケーションズ（現：マイナビ）に中途入社。以後、『マイナビ転職』を中心とした中途採用支援に従事。東京、近畿、東海エリアの営業統括部長を経て、2017年より『マイナビ転職』編集長を務める。2024年にゼネラルエージェント事業本部長に就任し、中途採用の現場を盛り上げている。

編集：『マイナビ転職』書籍プロジェクト
　　瀧川さおり、松浦仁、栗林康太、本城奈々子

後悔しない転職のはじめかた
のべ3万人のデータから読み解く新時代のキャリア形成入門

2024年5月28日　第1刷発行

著　者——荻田泰夫
発行所——ダイヤモンド社
〒150-8409　東京都渋谷区神宮前6-12-17
https://www.diamond.co.jp/
電話／03･5778･7235（編集）　03･5778･7240（販売）

編集協力——ブランクエスト
カバーデザイン——小口翔平＋嵩あかり（tobufune）
本文デザイン——荒井雅美（トモエキコウ）
製作進行——ダイヤモンド・グラフィック社
DTP——明昌堂
印刷——加藤文明社
製本——本間製本
編集担当——前田早章

ISBN 978-4-478-11960-0